# SEDNA

## Estimulador e Multiplicador de Consciências

Alex Costa Guimarães

**Dados Internacionais de Catalogação na Publicação (CIP)**
**(Câmara Brasileira do Livro, SP, Brasil)**

Guimarães, Alex Costa
    Sedna : estimulador e multiplicador de
consciências / Alex Costa Guimarães. -- Americana,
SP : Ed. do Autor, 2020.

    ISBN 978-65-00-06362-2

    1. Astrologia 2. Astronomia 3. Astronomia -
Filosofia - História 4. Planetas I. Título.

20-40179                                          CDD-520

**Índices para catálogo sistemático:**

1. Astronomia    520

Cibele Maria Dias - Bibliotecária - CRB-8/9427

# DEDICATÓRIA

À Deusa-Anciã, que através de seus diversos aspectos (Virgem de Guadalupe, N.Sra. do Perpétuo Socorro e outros rostos) tem me acompanhado nesta jornada, nutrindo, amparando e permitindo conhecer alguns dos Seus mistérios da Vida, do Universo e um pouco da imensidão do Seu Amor para com todas as formas consideradas vivas, ou não.

# CONTEÚDO

# AGRADECIMENTOS

À meus pais, *post mortem*, Jesus Guimarães e Maria Helder Costa Guimarães, pela doação de suas essências à minha vida.

A meu amigo, Admilson Redecopa, *post mortem*, que seu coração maravilhoso continue iluminando sempre quem estiver ao seu redor.

À minha amiga Consuelo Rico Salgueiro: sua força pessoal é Luz e magia secular.

À Paulo Sergio Sanfelice, amigo, irmão de Alma e companheiro nas jornadas dessas e de outras vidas.

# INTRODUÇÃO

Porque escrever astrologicamente sobre Sedna?

Nossa intenção é apresentar um modelo arquetípico que acreditamos que este corpo celeste carrega consigo e utilizar essa informação como mais uma ferramenta no favorecimento do nosso autoconhecimento.

Para essa escolha como paradigma, levamos em conta o fato de que desde sua descoberta, Sedna provocou uma reviravolta no mundo astronômico e justamente por causa dessa atuação impactante acreditamos que exista forte significado arquetípico e essa excelente relação simbólica não poderia ser deixada de lado. Outros fatores destacados nessa análise:

- Quando Sedna surgiu, foi levantado fortes questionamentos do *status* de Plutão como planeta, e após sua descoberta, "coincidentemente" surgiram oportunidades de encontrar diversos corpos celestes que reforçaram esses questionamentos, levando Plutão a destituição do "cargo" de planeta e sendo reclassificado como planeta-anão (junto a Sedna). E em julho de 2015, foi possível conhecer melhor Plutão: seu tamanho (desde 1930 havia debates não conclusivos, foram encerrados em 2015) e seu satélite com quase seu tamanho, levando-os a serem apelidados de "planetas-gêmeos".

- A União Astronômica Internacional (IAU) em seu boletim informativo de 2005 relata que o Comitê de Nomenclatura para Pequenos Corpos enfrentava uma carga de trabalho cada vez maior com a taxa de descoberta em expansão contínua de planetas menores. Além disso, **gastou-se um tempo considerável discutindo a nomeação de um órgão em particular, 2003 VB12 = (90377) como "Sedna"**[1].

- Sedna foi batizado com um nome que não se remete à mitologia grega como a grande maioria dos corpos considerados planetas. Aliás foi batizado com esse nome antes mesmo de ter seu número pela IAU.

- Após a descoberta de Sedna, há dezesseis anos, as questões de qual o tamanho do Sistema Solar e o que haveria além do seu limite continuam sendo intensamente investigado pelos astrônomos mais brilhantes do mundo.

- Em 24 de Agosto de 2006 foram votadas várias resoluções e entre elas a Resolução 5 (**definição de planeta e de planeta clássico**) e a Resolução 6 (**definição de objetos da classe de Plutão e de objetos plutonianos**) que sofreram resistências no meio astronômico, segundo informações contidas na XXVI Assembleia Geral da União Astronômica Internacional, realizada em Praga, 2006 [2].

- Um forte sentimento de posse relacionado ao posto de Plutão faz com que surjam frases como a de Michael Brown, astrônomo planetário da Caltech, que não tem dúvidas sobre o lugar de

Plutão no sistema solar: "Plutão não é um planeta. Não há razão lógica para chamar Plutão de planeta. Eu não acho que denigre Plutão de maneira alguma dizer que não é um planeta. Eu acho que Plutão é um mundo fascinante e interessante, e ser o maior objeto do cinturão de Kuiper é uma coisa honrosa" [3].

- Muitos anos depois, Sedna ainda guarda mistérios. Esse corpo gelado remoto está em uma órbita altamente excêntrica que se estende a cerca de 1.000 unidades astronômicas (AU; 1 UA é a distância média entre a Terra e o Sol) e possui um periélio (ponto de maior aproximação ao Sol) de 76 UA. Sua órbita está muito além do alcance de Netuno, localizado a 30 UA, e está muito longe da borda do Sistema Solar, onde a nuvem de Oort, o reservatório de cometas de longo período orbital, reside em torno de 10.000 UA [4].

O mistério é justamente que o lugar onde Sedna percorre é uma terra de ninguém entre os planetas gigantes e a nuvem de Oort, onde nada na configuração que conhecemos e acreditamos do Sistema Solar moderno poderia tê-lo colocado lá.

- A descoberta de Sedna traz possibilidades de novos entendimentos acerca do Sol [25].

- O interessante é que graças a descoberta de Sedna, foi possível Scott Sheppard e seu colega Chad Trujillo, em 2014, descobrirem um grande corpo que tem se revelado no Cinturão de Kuiper. Eles chamaram esse objeto de 2012VP113, apelidado de Biden e consideram-no como o "planeta X" [5]. Essa previsão é baseada em modelagem matemática detalhada e simulações em computador, e não em observação direta [6; 7].

# PARTE 1-Astronomia & Astrologia

## Fatos Astronômicos

Em 15 de março de 2004, astrônomos da Caltech, Gemini Observatory e Yale University anunciaram a descoberta do objeto mais frio e distante a orbitar o Sol que estava sob observação feita no Telescópio Samuel Oschin no Observatório Palomar, a leste de San Diego, desde 14 de novembro de 2003, pela equipe de Mike Brown (Caltech), Chad Trujillo (Observatório de Gemini) e David Rabinowitz (Yale). Esse corpo celeste foi encontrado a uma distância 90 vezes maior do que a do Sol à Terra, cerca de três vezes mais que Plutão, até então considerado o planeta mais distante conhecido [8].

É de cor vermelha e mais brilhante do que qualquer objeto do sistema solar. Os cientistas ainda não determinaram o motivo para essas características únicas. Em 23 de Agosto de 2004 um grupo de astrônomos britânicos afirmaram que Sedna tem uma lua [9].

É considerado um planeta-anão posicionado depois de Plutão, tendo uma órbita bastante elíptica e para dar a volta em torno do Sol leva aproximadamente 11.400 anos. Seu diâmetro está estimado em torno de: 2.360 km [9]. Para termos uma ideia do tamanho deste novo planeta, a Terra tem seu diâmetro calculado em 12.760 km, a Lua em 3.476 km, ou seja, Sedna é menor que a nossa Lua.

Sedna foi o primeiro objeto sugerido para fazer parte da nuvem interna de Oort [10].

O nome Sedna foi extraído da Mitologia Inuit (das regiões polares) que narra existir uma Deusa vivendo no fundo do gelado oceano ártico. Uma ligeira controvérsia surgiu na comunidade científica, quando o nome Sedna se tornou público **antes** que a União Astronômica Internacional (IAU) lhe desse um número oficial. No entanto, nenhum outro nome foi proposto para consideração e a IAU oficializou o nome em setembro de 2004 [11].

Sedna está distante do Sol algo em torno de 11 bilhões de km a 130 bilhões de Km com temperatura estimada em torno de –240°C e rotação de 40 dias, ou seja a cada 10.273 horas (rotação tão lenta assim, somente possui Mercúrio (aproximadamente 58 dias) e Vênus (243 dias). Já sua **órbita elíptica é muito excêntrica:** enquanto a maioria dos planetas conhecidos no sistema solar segue uma órbita em forma de esfera, Sedna é especial porque sua órbita segue um caminho elíptico [10].

Para se ter uma ideia disso: Sedna se move rapidamente através de metade dos signos zodiacais, quando está próximo ao sol (periélio), e dura cerca de 1.500 a 2.000 anos. Isto quer dizer que levará entre 9.900 a 9.400 anos restantes para percorrer o restante dos signos zodiacais quando estiver em seu afélio (caminho mais distante do sol).

Em Setembro de 2006, a União Astronômica Internacional estabeleceu (em sua Resolução 5A as condições para o uso do termo 'planeta' no sistema Solar. Em resumo, deve ser um corpo celeste que orbita ao redor do Sol; Tem que ter uma forma arredondada e por último tem que ter uma dimensão relativa grande comparada com outros corpos celestes próximos. Essa classificação ocorreu pela crescente necessidade após o surgimento de Sedna e causou a mudança da categoria de Plutão de 'planeta' para planeta-anão [2].

A composição física de Sedna é um pouco misteriosa. Tudo o que se sabe neste momento é que é muito vermelho e que a água e o gelo parecem estar ausentes na superfície [12].

Sedna é um corpo celeste misterioso, intrigante até mesmo para nossa ciência e ao mesmo tempo, tão simples e direto, por isso ele é fascinante. Quanto mais se lê acerca dele, mais intrigante se torna. Ele traz consigo novas possibilidades: Quantos outros planetas poderão ser descobertos, dentro de toda a zona de mapeamento ainda não explorada e que pertençam ao nosso sistema solar?

É bem possível descobrirmos planetas que participem de dois ou mais Sistemas, como elos de união entres eles.

A ideia deste livro é mostrar alguns dos significados da posição de Sedna no mapa e com isso facilitar a percepção da Senda que temos que trilhar, descobrir que todo o drama existencial tem uma finalidade e que se nos dirigirmos para este objetivo, tudo fica mais enriquecedor.

Também colocamos uma sugestão do símbolo para Sedna no mapa, mas para isso foi preciso expor um breve entendimento da simbologia planetária.

No meio disso tudo, é importante entendermos as mensagens que nos chegam: Não estamos isolados no Universo, não somos únicos. As eras se sucedem se repetindo, a história se torna cíclica e a verdade acerca de nosso surgimento enquanto humanos, pode ser encontrada tanto no oceano mais profundo, quanto na mais profunda imensidão além do nosso planeta.

## Fatos Astrológicos

Atualmente a astrologia utiliza os sete planetas sagrados (Sol, Lua, Mercúrio, Vênus, Marte, Júpiter e Saturno) relacionando-os de certo modo às experiências diárias, existenciais e características pessoais de uma personalidade.

Com os planetas considerados transaturninos (ou transpessoais): Urano, Netuno e Plutão são relacionados às atitudes comportamentais (com forte características psíquicas) de gerações e muito focado no coletivo. De um certo ponto de vista analógico, os transpessoais mostram situações e necessidades do coletivo que penetram em nossa estrutura pessoal.

Sedna se move tão lentamente que sua influência se estende além do efeito geracional dos planetas externos, como Urano, Netuno e Plutão. Quando se lida com um oráculo, é importante entender a sincronicidade existente em cada símbolo que surge, apresentando-nos a um novo arquétipo.

Com o advento de Sedna e a queda do posto planetário de Plutão, surgem os transnetunianos, corpos celestes possuidores de órbitas muito longas (algo como 11.400 anos). Esse grupo de planetas estaria relacionado aos ciclos que a humanidade passa em seu caminho evolutivo. Trataria, portanto, da evolução da humanidade e em nível pessoal mostraria a evolução do próprio espírito.

Com a descoberta de Sedna, será possível intuir como era o estado da humanidade há 12.960 anos (na metade do ciclo que trata da queda da Atlântida) e há 25.920 anos atrás. O Sol desloca-se através do espaço, arrastando o sistema solar ao redor de uma estrela central (Alcyone) que se encontra na constelação de Touro, levando aproximadamente 25.920 anos para realizar esse caminho. Essa mesma estrela foi considerada o local onde "Deus mantinha Seu trono".

O aparecimento de um corpo celeste de impacto no cenário astronômico sempre está relacionado a fatos predominantes que, por sincronicidade, ocorre na sociedade permitindo perceber seu significado. Vejamos alguns exemplos.

**Urano foi descoberto em 1781,** Harvard passou a ser a primeira Universidade, pela nova Constituição de Massachussetts (em 1780), havia um sentimento generalizado de **liberdade, modernidade** e de **industrialização:** A revolução Americana (1776) e a Francesa (1789) é dessa época, inclusive o lema da revolução francesa é típico de Urano: "**Liberdade**, **Igualdade** e **Fraternidade**", os primeiros carro mais efetivos surgiram em anos como 1769, 1801, eram a vapor [13].

**Netuno foi descoberto em 1846**, época da **fotografia** (1839) e do **cinema** (1895). O clorofórmio como **anestésico** teve sua eficácia declarada em 4 de novembro de 1847. Ocorreu a primeira guerra do Ópio (1839-1842) e a segunda guerra do Ópio (1856 – 1860), a guerra Mexicano–Americana (1847- 1848) foi o primeiro grande conflito impulsionado pela crença de que os Estados Unidos tinham o direito, **dado por Deus**, de expandir suas fronteiras por toda a América, civilizando-a [14].

**Plutão foi descoberto em 1930**. Neste período, cientistas conseguiram a **desintegração do átomo** (1931), a **radioatividade artificial** (1932), **a fissão nuclear** (1939), **descobriram Plutônio** (1940), marcando o começo da era nuclear e **radioativa**; Em 1933, Adolf Hitler e o Partido Nazi chegaram ao poder na Alemanha; Em 1933, foram construídos os primeiros grandes campos de concentração nazista em Boyermoor e Dachau, onde oito milhões de pessoas perderam seus nomes, foram escravizadas ou transformadas em cobaias; Em 1936, o panorama se organizava para o surgimento do nazismo e fascismo, que visava quebrar a hegemonia plutocrática-capitalista do ocidente, terminando apenas em 1945. A Organização das Nações Unidas foi estabelecida em 24 de outubro de 1945 (após o término da Segunda Guerra Mundial) e a Organização Mundial da Saúde fundada em 7 de abril de 1948 e subordinada à ONU [15].

Em 1936, Mircea Eliade (professor, cientista das religiões, mitólogo, filósofo e romancista romeno) publicou o romance Domnisoara Christina ("Senhorita Cristina"), baseado no folclore romeno, seu personagem principal era uma **vampira** e o tema abordava o **significado do erotismo e da morte** na vida humana, o que lhe rendeu suspensão temporária da Universidade.

Segundo a mitologia grega, nem um mortal ou deus chegou a ver o rosto de Plutão, pois possuía um capacete que o tornava invisível. Em um mapa astrológico, o local onde se encontra Plutão é onde forças ocultas e misteriosas se acumulam, dominam e manipulam a consciência de um indivíduo. É onde a causa (o rosto) das situações difíceis é indefinida. Ali ocorre a manipulação do poder, da paixão, do sexo e do quanto isso pode levar uma pessoa ao extremo.

Com o surgimento de Sedna, a massa populacional começa a entender que o "mal" não é absoluto, ou seja, uma pessoa não é 100% boa, nem 100% má. Tudo tem seu lado bom e ruim conjuntamente. Essa relativização, de certo modo, alivia a sensação de existir um ser formado para o mal, e muitos passam a assumir a postura de: "eu não sou totalmente bom, mas quem realmente é?". Porém, ao mesmo tempo, as pessoas precisam se posicionar dentro dos contextos sociais, dentro das formas antigas e maniqueístas de se pensar.

É como se Sedna tirasse momentaneamente o capacete da invisibilidade de Plutão, e embora o rosto ainda seja meio misterioso, já se consegue enxergá-lo.

Sedna é o primeiro planeta a ter um nome diferente da mitologia greco-romana. Isso, por si só, já traz um significado implícito.

O mito agregado ao nome de batismo de cada planeta descoberto nos ajuda a entender as mudanças na estrutura global que aquele planeta tem por analogia. Em uma situação mais pessoal, um corpo celeste descoberto afeta nossa carta astrológica natal, segundo o arquétipo associado.

Fatos predominantes da influência de Sedna, em nossa geração, mostraremos adiante.

# PARTE 2-A Lenda de Sedna

Sedna (a Deusa do mar) é uma figura central da cultura Inuit (povo do ártico, herdeiro de uma história com mais de seis mil anos, começando com a cultura pré-Dorset por volta de 2.500 a.C). Tornou-se ícone da identidade Inuit, e símbolo de sobrevivência contra as forças do colonialismo e das tentativas de extermínio cultural desse povo. A cosmologia Inuit não se encaixa nas noções ocidentais de panteões ou deuses, embora possuam um sistema cosmológico [17].

Sedna é um espírito que nasceu da violência para se tornar mãe de mamíferos marinhos. É encontrada na história oral de todas as sociedades árticas Inuit. Tem muitos nomes do Canadá até ao Ártico: **Sedna** (é uma anglicização de Sana: "um no fundo do mar"); **Nuliajuk** ("o pobre ou o pavoroso", Ártico do Canadá Central), **Arnaqquassaaq** ("velha do mar" literalmente "velha, bruxa", Groenlândia), **Sassuma Arnaa** ("Mulher das Profundezas", Groenlândia Ocidental) ou **Immap Ukuua** ("A mãe do mar", Groenlândia Oriental), **Amakaphaluk / Arnapkapfaaluk** ("grande mulher má", Golfo da Coroação), **Takánakapsâluk** ("a terrível lá em baixo", Iglooik) e **Takannaaluk Arnaluk** ("a mulher lá em baixo" , Igloolik) [17].

A mitologia de Sedna tem tantas variações quanto seus nomes, mudando detalhes de uma região para outra, mas os elementos principais são consistentes em todo o mundo circumpolar. A narrativa aqui exposta é uma compilação por diversas fontes, acrescentando trechos que em algumas versões não detalham.

*"Há muito tempo atrás, antes da existência dos homens brancos e de todos os outros homens, um deus pescava e caçava sobre a Terra. Seu nome era Anguta, um grande caçador cuja esposa morreu há muito tempo atrás, deixando com ele uma garotinha.*

*Ele próprio criou uma criança que cresceu e se tornou uma mulher extremamente bela com muitos pretendentes que queriam desposá-la. O caçador estava muito orgulhoso de sua filha que podia costurar boas roupas e em nenhum lugar, ninguém era tão bom nisso.*

*Um dia decidiu que deveria casá-la. Havia dificuldades para obter alimentos e sua filha tinha uma fome intensa desde pequena, uma vez até tentou comer seu braço enquanto dormia. Um dia Anguta a chamou e disse: "Filha, eu escolhi seu marido, e será este homem".*

*Ela discordou veemente e não aceitou ficar com o homem selecionado. Isso deixou seu pai muito zangado que lhe falou: "Você me envergonhou, se você não aceitará este homem, então que fique com meu cão, pois isso é tudo o que convém a uma garota que desonra seu pai".*

*Só que durante aquela noite o cachorro do caçador visitou sua filha e a tomou como sua esposa.*

*Quando seu pai percebeu o ocorrido gritou com ela: "Você está grávida do meu cão e me envergonha mais uma vez. Será colocada em confinamento que é o que você merece".*

*Dito isso, o grande caçador isolou sua filha em uma ilha, assim ninguém poderia ser envergonhado por ela. Porém o cão-esposo era gentil, carinhoso e amava a filha do caçador e para salvar sua amada e a futura mãe de sua ninhada, o cão nadava até a ilha levando em sua mochila alimentos e peles. Ele sempre retornava ao continente pegando mais suprimentos e nadava de volta à ilha. Desta forma aconteceu, a filha sobreviveu e deu luz a uma ninhada composta de filhos humanos e de filhos-cães.*

*Ao perceber o ocorrido, o grande caçador ficou enfurecido e preencheu a mochila do cão, sem este perceber, com pesadas pedras. Então, quando o cachorro tentou nadar de volta a ilha, acreditando carregar mantimentos em sua mochila, esta pesava bastante e como as ondas do mar estavam fortes, ele se afogou no mar.*

*Muitos dias depois, Anguta sentindo remorso pelo que fez à sua única filha, preparou seu caiaque e encheu com comida para fazer as pazes e ressarcir do ocorrido, mas ele teve que dirigir de volta, pois em sua imensa tristeza Sedna não amava mais o pai e, quando ele dormia, ela ordenou que seus filhos-cães o atacassem mordendo as mãos e os pés dele.*

*Temendo represália de seu pai, em um esforço para salvar suas crianças, ela coloca seus três filhos-cães em um barco de pele, deixando-os a mercê das ondas do mar e ora para os deuses do ar os guiarem a salvos. Empurra-os para fora da ilha em direção ao sul, gritando: "Sarutiktapsinik sanavagumarkmarkpusi" (vocês serão bons em fabricar armas). E assim aconteceu. Eles chegaram em terra firme e se tornaram os ancestrais dos homens brancos* (alguns esquimós dizem que os povos europeus e das primeiras nações são descendentes desses três filhos-cães e somente através deles existe essa relação com os esquimós).

*Com o barco que restava, ela colocou lá suas três crianças de características humanas, orou aos deuses e os deixou a deriva no mar. As crianças humanas flutuaram para longe e se tornaram os ancestrais dos Índios. Agora a filha estava sozinha e sem comida, pois seu pai estava receoso de retornar com suprimentos. Todos os dias antes de ir caçar ele podia olhar através do mar e ver sua filha, mas nunca se arriscaria por ela novamente.*

*Então um dia ele olhou de relance e viu que ela já não estava mais lá. Tinha desaparecido. O que ocorreu é que um homem muito bonito apareceu em um caiaque, durante uma caçada, e vendo aquela bela mulher, parou diante dela e disse: "Venha comigo. Eu sou um grande caçador e providenciarei para você comida e lar". E ela se foi.*

*Na rota para sua nova e distante casa, eles pararam (já muito distante) e o belo homem retirou sua roupa porque o sol estava forte e dirigir o caiaque estava sendo difícil. Neste momento a garota se rompe em prantos. Aquele ali na sua frente não era um homem, mas um Fulmar*

*Glacial (um pássaro do oceano ártico) em forma humana, com seus olhos negros e seus músculos salientes. Sem a necessidade da roupa humana, o Fulmar agora podia ser mais veloz e logo ambos estariam em sua morada.*

*O tempo passou, e tudo o que o homem-pássaro fez foi trazer peixes congelados e crus para sua casa: um ninho mal cheiroso construído com diversos gravetos quebrados. Juntos tiveram uma criança.*

*O pai continuou sua busca pela filha, sentindo remorso pela forma como seu orgulho o fez tratar sua única filha. E após muitos anos de viagens, ele a descobriu nas terras do Fulmar. Anguta chegou exatamente quando o Fulmar estava fora, e ao vê-la naquele estado penoso, chorou: "Perdoe-me filha, eu vim pra levar você para casa". Com essas palavras, o pai a desculpava e a bordo de seu caiaque começou a fazer seu caminho para casa. O Fulmar retornou e não encontrando sua esposa, tratou de resgatá-la. Em sua forma de pássaro, era capaz de alcançá-los e resgatá-la. Ao avistá-los tratou de bater fortemente suas asas agitando a água cada vez que mergulhava, atacando-os para fazer o caçador voltar. Com isso, as ondas cresciam cada vez mais e quase emborcou o caiaque. Anguta com medo de morrer e para poder fugir, lançou sua filha nas águas extremamente geladas do oceano ártico, mas ela nadou de volta e agarrou-se ao caiaque.*

*O caçador totalmente aterrorizado pegou sua faca e com um golpe cortou fora um dedo de sua filha, o pedaço caiu no mar e se transformou em uma foca que nadou para longe. O caçador cortou outro dedo dela que caindo no mar se tornou em uma morsa. Depois cortou o terceiro dedo que se tornou um leão marinho. Com cada dedo sendo cortado, assim foram feitos os mamíferos do mar.*

*Finalmente, não sendo capaz de segurar o caiaque, a filha afundou indo ao fundo do mar. Assim que ela afundou, o espírito da Lua (Tatqeq) e o espírito do Ar (Sila) combinaram entre si e decretaram: "Devido sua opressão e sofrimento, te damos todo o poder para que você se torne a Deusa dos oceanos e guardiã dos esquimós".*

*A tempestade passou, Sedna não morreu, mas tornou-se a criadora de novas vidas, gerando um reino no fundo do mar e voltou a se reunir com seu cão-marido e protetor.*

*O pai conseguiu escapar da tormenta, mas as memórias de sua filha não lhe davam sossego e grande era seu remorso. Um dia, enfermo pelo desgosto que sofria, deitou-se sobre uma ponte no mar e pediu sinceras desculpas a ela e lá caiu sob um sono profundo. Assim que ele adormeceu, a maré veio e o levou para próximo de Sedna.*

*Juntos (o cão-marido, Anguta e seus filhos-cães) foram todos morar no fundo do mar, em Adlivun, e as pessoas más quando morrem são perturbadas por Anguta.*

*Hoje em dia, se falta comida em uma tribo, é entendimento que Sedna cortou o fornecimento já que os animais do mar saíram de seus dedos, são filhos dela e, portanto, estão sob seu comando.*

*Um Xamã é requerido para viajar ao reino de Sedna no fundo do oceano e falar com a Deusa. Essa viagem é considerada a mais perigosa jornada mística que ele possa realizar. Dizem que o Xamã leva um pente para pentear os cabelos da Deusa, pois ela não tem dedos para isso. Ao mesmo tempo, conversa para saber o que a tribo fez de errado para que faltasse alimento. Ele faz um trato prometendo que se a tribo fizer tudo certo e corrigir seus erros a Deusa reporá o alimento.*

*O Xamã retorna então com a lista de coisas exigidas pela Deusa que precisam ser feitas para que o alimento retorne"* [17; 18; 19; 20; 21].

# FUNDAMENTOS ARQUETÍPICOS

## BASES CULTURAIS

Os esquimós tradicionais viviam em um mundo físico e espiritualmente perigoso e violento. Tanto o clima quanto os animais que caçavam eram letais. Os seres espirituais que povoavam as terras e os mares podiam se tornar irritados se certos tabus fossem violados.

Sedna é uma figura significativa na mitologia do povo Ártico. Existem diversas versões para o mito desta deusa. De acordo com estas diversas versões, ela reside na região do nordeste do Canadá, Groenlândia e Islândia. Em outras, ela é a Deusa de todo o oceano.

O mais significativo desses seres foi Sedna, **"a Velha Mulher do Mar"** ou **"Cesta dos Alimentos"**, que vive no fundo do oceano, e controla a vida dos mamíferos marinhos que são o suprimento básico de alimentos das pessoas. O antropólogo Franz Boaz escreveu: "Ela tem um domínio supremo sobre os destinos da humanidade, e quase todas as observâncias dessas tribos têm o objetivo de manter sua boa vontade ou de propiciá-la se ela foi ofendida [22].

Eliade (1979) explica que a proteção dada pelo xamã siberiano se assemelha, ao papel dado às fadas e semideuses no ensino e iniciação de heróis. Essa proteção, sem dúvida, reflete concepções "matriarcais". A Grande Mãe dos Animais, com quem o xamã da Sibéria e do Ártico se encontra, é uma imagem bem clara do matriarcado antigo. Em determinado momento, essa Grande Mãe dos Animais assumiu a função de um Ser Supremo uraniano, concedendo aos homens (particularmente aos xamãs) o direito de caçar e de se sustentar na carne dos animais [26].

## BASES ASTRONÔMICAS

Por ser um corpo celeste considerado transnetuniano, sua relação com o tempo é importante, pois estamos tratando de ciclos coletivos, de mecanismos que envolvem todos os povos do planeta, consequentemente com o tipo de evolução que a humanidade passa ao longo de seu trajeto. Sua relação como pessoal está no quanto o coletivo está adentrando na psique do indivíduo.

Em 01/01/1800 Sedna situava-se em 18° Peixes 09' e após movimentos diretos e retrógrados, em 31/01/1806 Sedna passou a 19° Peixes 09'. Ou seja aproximadamente um grau (01°) a cada 6 anos (nesse período de periélio) no entanto tende a ser mais tempo por grau quando estiver na região mais distante do Sol.

Devido sua órbita ser extremamente excêntrica, com um afélio (ponto mais distante do Sol) estimado em 937 UA e um periélio (ponto mais próximo do Sol) de cerca de 76 UA, em trechos dessa órbita levará mais tempo para percorrer enquanto em outros terá maior velocidade.

Na época de sua descoberta ele estava se aproximando do periélio, a 89,6 UA do Sol. Se Sedna leva 11.400 anos para dar uma volta ao redor do Sol, então dividindo por 360° teríamos não mais 1° a cada 6 anos, mas 1° cada 32 anos.

O Sol leva 72 anos para percorrer um (01°) grau da eclíptica zodiacal. Os signos que constituem o zodíaco possuem 30° portanto, leva 2.160 anos para percorre-la. O zodíaco tem 12 signos (pela tradição) portanto isso dá um tempo de 25.920 anos para percorrer todos eles (ficando 2.160 anos aproximadamente em cada um). Esse tempo é conhecido como Ano Sideral.

Uma era zodiacal, como a era de Aquário, na perspectiva astronômica, é definida como o período (em anos) em que o Sol, no dia do Equinócio Vernal (equinócio de março), nasce em uma determinada constelação do zodíaco.

De acordo com o estabelecido pela IAU a era de Peixes começou quando o Equinócio Vernal passou a acontecer quando o Sol nasceu na constelação de Peixes, e a era de Aquário começará quando o Sol nascer na constelação de Aquário. Acontece que as constelações não tem o mesmo tamanho e os limites delas (as bordas) são linhas imaginárias. Na questão dos limites das constelações foram propostos usar arcos de círculos RA e paralelos de declinação, e esses limites calculados dessa forma colocam a borda estabelecida entre Peixes e Aquário para o início da era de Aquário em 2600 d.C. (24), gerando uma diferença para o limite feito por cálculos que seria em 2160 d.C.

A datação das Eras, a seguir, não exige essa precisão matemática, é apenas para o entendimento de uma ideia. Retrocedendo nas Eras, podemos perceber alguns detalhes das experiências vividas pela humanidade.

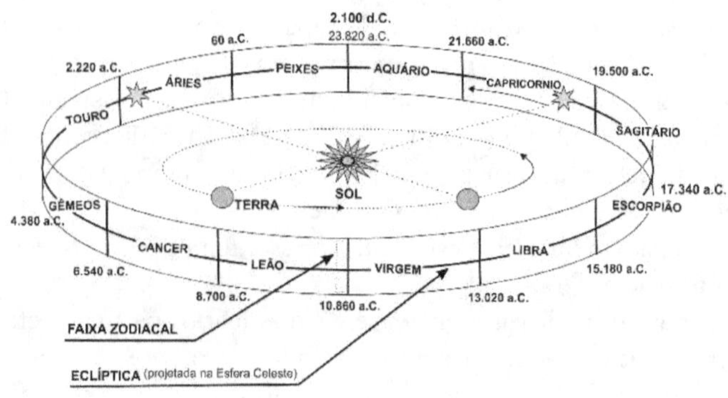



Datas das Eras e apresentação da faixa zodiacal e eclíptica (Adaptação do Autor)

Sendo assim temos:

**Era de Aquário:** de 4.260 d.C. a 2.100 d.C. Período que se atribui a grandes desenvolvimentos tecnológicos, de liberação da espiritualidade (diferente da pisciana), de consciência grupal, da consciência político-social. Era apontada como do aumento do Individualismo, mas ao mesmo tempo da unificação social, e rompimento com tradições e qualquer tipo de prisão provenientes da era de Peixes.

**Era de Peixes:** de 2.100 d.C. a 60 a.C. Ciclo de desenvolvimento da consciência espiritual, dos sentimentos religiosos, a religião como fonte de Poder, O misticismo dominando a consciência, princípio da geração do caos e das prisões materiais, filosóficas e psíquicas.

**Era de Áries:** de 60 a.C. a 2.220 a.C. Era que aponta para o começo de um novo estilo de arquitetura mundial. O ser humano se torna mais sanguinário e mais fanático. Era de extrema violência, de intensas conquistas de um povo sobre outro com a consequente destruição da cultura dos dominados.

**Era de Touro:** de 2.220 a.C. a 4.380 a.C. Período em que o ser humano se multiplica demasiadamente. Civilizações foram impulsionadas para o plantio. Há um sentimento generalizado de morte, transformação, preservação da própria história da Terra e brigas pelo poder que são muito destrutivas para as construções que já existiam.

**Era de Gêmeos:** de 4.380 a.C. a 6.540 a.C. Era de desenvolvimento da escrita, dos registros, do acumular informações e dos conhecimentos que devem ser espalhados. A comunicação foi acentuada e a mente dos povos começou a ampliar.

**Era de Câncer:** de 6.540 a.C. a 8.700 a.C. Era do desenvolvimento das grandes civilizações. O homem entende o sentimento da Deusa (maternidade, segurança de um lar, família). Era de paz relativa.

**Era de Leão:** de 8.700 a.C. a 10.860 a.C. Período onde o ser humano se dá conta como uma identidade individual e uma descendência espiritual. Desenvolvimento da criatividade: esculturas, pinturas, ilustrações, etc.

**Era de Virgem:** de 10.860 a.C. a 13.020 a.C. Era em que o homem busca se estabilizar no planeta como agricultor, animais selvagens são domesticados. Os animais domesticados modificam sua aparência. Período de fome e época do dilúvio.

## BASES MITOLÓGICAS

Na mitologia Inuit, a deusa Sedna governa o submundo e as criaturas do mar. **Sedna vive em Adlivun um local no submundo** onde as almas são purificadas para sua viagem da Terra para a Lua. Ela aprisiona as almas dos mortos como parte da preparação do **próximo estágio de sua jornada** [23].

Em alguns contos, ela é filha de um deus-criador e **possuidora de uma fome intensa que a levou a morder um dos braços de seu pai enquanto este dormia**. Ela comia tudo na casa de seus pais. Na maioria destas versões, Sedna vive com seu pai viúvo. Em outras sua mãe está viva, mas não tem expressão [18].

É interessante observar o casamento de Sedna. Ela sempre recusa os pretendentes que vão desposá-la. Algumas versões dizem que por orgulho, outras ela só não quer seguir a tradição. O **casamento surge pela necessidade: a fome era grande** e o caçador não conseguia mais sustentá-la. Sedna em todas as versões busca **alguém que a proteja e lhe dê estabilidade física e emocional**. Isso sugere que o aspecto fome seja algo intenso em sua simbologia.

Algumas narrativas dizem que ela se casa com um cão que é seu primeiro marido. Em outras, ela é obrigada a casar com o cão por ter recusado um casamento arranjado. Em outra, Sedna se apaixona pelo cão que demonstra ser um gentil e amoroso marido.

Em algumas versões não há descendentes do cão, mas em outras, Sedna tem três descendentes humanos e três de origem canina considerados respectivamente ancestrais dos esquimós e dos homens brancos. Nas histórias que o cão participa, ele é assassinado pelo pai dela.

Na maioria delas um homem bem aparentado (com roupas bem distintas) chega com a promessa de uma vida confortável e pede ao pai de Sedna a mão da filha em casamento e este consente.

Em algumas narrativas, Sedna vai de bom grado, em outras vai de mau grado morar com o estranho em sua ilha. Em uma versão, o Fulmar (pássaro que se assemelha a uma gaivota) é apenas seu primeiro marido.

Na versão onde Sedna se casa com o cão, o Fulmar é o segundo marido. Porém, em todas essas versões, Sedna descobre que aquele homem que se mostrava bonito é um Fulmar e que a promessa de uma vida confortável e boa era um monte de mentiras. Em algumas histórias dizem que ela teve um filho com ele, em outras nada mencionam.

Em alguns contos, o pai ouve o grito de choro angustiado da filha. Em outros, se aproxima dela casualmente ao procurá-la. Em ambos os casos, ele não gosta do que vê, da dificuldade em que ela vive.

Aqui ocorre outra grande variação na lenda de Sedna. Em uma derivação da mitologia, o pai mata o homem pássaro e leva Sedna embora. Os amigos e parentes do Fulmar ao descobrirem isso vão ao ataque do caçador por vingança. Já em outras versões, o Fulmar sai para pescar e chega após Anguta ter acabado de levar sua filha embora. Ele sai sobrevoando o oceano para trazê-la de volta.

Independente de qual versão seja, em todas elas ocorre uma batalha no mar, envolvendo o pai e o Fulmar ou ainda seus parentes. Em todas as versões, Sedna sempre se afoga no mar em meio a essa batalha.

**O Fulmar** (junto com seus parentes segundo algumas versões) **cria com seu bater de asas uma tempestade que agita as ondas do mar** e quase afunda o caiaque do caçador.

Em uma versão, o espírito da Lua e o do Ar transformam Sedna na deusa dos mares e governante dos esquimós. Em outra, Sedna afunda para o submundo e simplesmente se transforma no espírito do oceano, a rainha dos monstros da profundeza. Em todas as versões em que se casou com o cão, ela o reencontra (após afundar no mar) e ele volta a ser seu protetor.

A história citada parece possuir informações arquetípicas do Inconsciente acerca de Sedna também conhecida como *Takannaaluk* (a terrível que está lá embaixo).

Todas as histórias tratam da mesma situação: a relação difícil com seu pai, o casamento com animais, a fome, o terror da morte, a violência (tortura) provocada pelo marido (o segundo, em algumas versões), pelo próprio pai, a geração de novas espécies, o mergulho no fundo do Mar e a redenção ao se transformar em uma grande Deusa responsável pelo alimento e consequentemente pela vida de diversos povos.

# PARTE 3- O novo paradigma

## DESVENDANDO ESSE PARADIGMA ANALÓGICO

O complexo e rico mito de Sedna mostra situações ocorridas no passado e nos reporta aos fatos em que vivemos na atualidade, enquanto aponta para o que seria a libertação de um ciclo. Portanto, transitaremos pelo passado de nossa história e pelo futuro dela.

O conto de Sedna refere-se à criação e recriação de nosso planeta. Ela é a força primária atuante na criação de novas criaturas. Quanto ao mundo em si, sabe-se apenas que ele foi criado anteriormente por *Anguta* (seu pai).

### A Criação do planeta Terra

O começo da narrativa lembra bastante o antigo mito de criação Celta onde a Deusa Anciã torna-se uma garotinha para ser criada pelo Deus como se fosse sua filha (ela será no futuro o novo rumo a ser tomado, rumo que ela mesmo determinou antes de se apresentar como filha desse mesmo Deus que será superado).

Olhando essa mitologia pelo lado da cosmogênese, transferindo para o nosso planeta os arquétipos dessa história, viajamos para uma época que remonta no início de sua criação, onde os deuses (seres muito evoluídos, sob um certo aspecto) habitavam entre nós. Não existia o homem como o conhecemos, mas deuses que estavam a criar condições e de certa forma gerenciavam o desenvolvimento do planeta Terra (aqui simbolizado por Sedna).

Já tinha terminado o período matriarcal (sua mãe não tem destaque na história) e o patriarcado é o *status quo* (o caçador - seu pai).

Segundo **Zecharia**, em seu livro **"O 12º planeta"**, chegaram colonizadores de outro sistema se instalaram e deram condições de vida ao nosso planeta. O deus-caçador começou a criar a deusa.

Outro escritor, **Edgard Armond**, em 1949, fez a obra **"Os Exilados da Capela"**. Esta obra descreve a existência de civilização evoluída moral e intelectualmente, que habita o quarto planeta em órbita de Capella, estrela da constelação do Cocheiro. Um grupo de 25 bilhões de espíritos por não estarem afinados com a nova etapa que seu planeta estava atingindo foram banidos para o Planeta Terra, há cerca de 65.000 anos. Eles criaram a cidade de Atlântida, que um dia afundou e deu início à jornada civilização humana como sociedade organizada, por meio de sucessivas encarnações destes Espíritos, em corpos humanos, principalmente, a partir de cerca de 12.000 anos atrás (lembrando que Sedna tem uma órbita de 11.400 anos).

*Anguta* pode simbolizar esse povo que veio pra cá, não sendo filhos da Terra.

**A Fome de Sedna (ou a recriação do planeta)**
O conto de Sedna pode estar narrando, em linhas gerais,

algo ocorrido e o ressurgimento dele nesta época, indicando que está havendo um retorno dessas experiências.

Para haver recriação, o Deus precisa morrer para nascer um novo. E esse é um processo difícil. Sua morte (o mergulho no Inconsciente, a mudança total de todos seus modelos existenciais) é simbolizada neste mito pelas fortes tempestades e seu pesar. Isso faz sentido, pois não cabe à energia Yang (masculina) manipular o Inconsciente. Assim, morrer, transformar, mergulhar no futuro, ir ao passado ou futuro, é uma característica Yin.

Para a energia Yang (no caso *Anguta*) sua postura é a de lidar com o momento atual, presente, prover a estabilidade, e ele é dito ser um grande caçador. O conceito de Caçador Divino é o de que Ele é quem propicia a vida da sociedade que cuida. Sua caçada significa vida e manutenção dessa sociedade. O Caçador possui um outro aspecto: da busca, da procura. Ele tem um sentimento acerca da presa, conhece-a bem, para poder caçá-la e capturá-la.

A sociedade se identifica com os alimentos que o Deus (energia Yang) provê através de suas caçadas. Esse alimento pode ser qualquer valor definido como segurança, estabilidade e auto sustentação. Isso pode ser traduzido como personificação de todas suas jornadas, sejam elas físicas, espirituais, artísticas, científicas, sociais, etc.

Sedna sentia muita fome, significando que ela não estava sendo alimentada corretamente por *Anguta* (seja em quantidade, seja na qualidade). Simbolizando que o sentimento apresentado na valoração, na apreciação das coisas, no modo de usá-las e de como cuidá-las precisaria ser diferente do que *Anguta* oferecia.

Ele já não servia como caçador dela.

O medo da perda do *status quo* que *Anguta* mantinha, leva a buscar um casamento que conserve sua situação e não haja novas interações. Daí a raiva e a tentativa de impedir novas interações. Mas a Deusa já tinha outros planos antes de re-surgir como criança no início dessa história, e manter-se sem mudar o rumo da história, não era sua opção.

## O Casamento

O planeta Terra (Sedna) foi criado com todos os dotes de atração: encanto, beleza e capacidade produtiva (sabia costurar como ninguém). Denotando, assim, uma grande capacidade de independência. Nesse ponto em que ela estava com sua independência pronta para ser lançada, seu pai propõe o casamento, com um homem que ela não escolhera.

Essa imposição patriarcal apenas denota que sua independência não fora realmente considerada. A escolha de um homem para desposar Sedna, sem sua participação neste processo de escolha, mostra que há um desejo de continuidade e de não permitir mudanças. O que implica em questionamentos acerca do caráter do pai (protetor) de Sedna.

Com relação ao planeta Terra, como entidade pensante, esse casamento não seria uma espécie de continuidade da situação, das experiências a que o planeta estava submetido? Quem seria este outro homem que poderia desposá-la?

Como a humanidade existia, mas sem uma consciência de uma raça individualizada, supõe-se que este homem seria perpetuação da situação existente.

Em seu processo de amadurecimento a Mãe-Terra planejou que o gênero humano deveria crescer (entregando-se ao cão sem resistência, aceitou-o como esposo). Ela já tinha estabelecido um novo projeto, diferente dos projetos de seu pai - o Caçador.

## O Cão

O ato seguinte dessa história é o intercurso sexual da Deusa com o cão.

Um dos objetivos da Deusa é gerar e cuidar do desenvolvimento das várias espécies inclusive a humana.

A mistura de raças é algo inevitável para que o crescimento e a evolução ocorra. Na mitologia grega, não era visto com bons olhos um deus copular com um mortal, no entanto, vários deuses davam um jeito de transgredir essa regra.

Isso nos sugere que Sedna tinha no cão um ser de fidelidade e amizade.

Nas mitologias, o simbolismo do cão é interessante. Está presente em quase todas as culturas antigas geralmente como acompanhante das deusas, por isso também tem sua associação com a Lua (planeta representativo do feminino).

O cão, mitologicamente, guia as almas humanas, fazem a passagem entre a vida e a morte (por isso Anúbis tem esse significado). É o guia no mundo dos mortos, eles determinam a pureza das almas devido seu faro aguçado. Na Sibéria, nos banquetes dos funerais, são os cães que comem a parte da comida que seria destinada ao morto, como se estes fossem parte da sua alma [27].

A lenda conta que o cão amava a filha do caçador. Era gentil e carinhoso, buscando alimento e peles para cuidar dela e de sua prole que estava para nascer. Esse é o simbolismo do mito para narrar que os seres humanos primitivos tinham uma intensa reverência para com o planeta Terra.

O intercurso sexual com o cão também pode simbolizar que na época a Terra estava com o padrão vibracional no seu terceiro chacra (*Manipura*) porque os *vrittis* deste chacra tem vibrações similares aos mamíferos.

Com tudo o que foi relatado até aqui, essa lenda parece sugerir que somos frutos de uma experiência genética (a mistura de raças tão diferentes entre deuses e antigos humanos primitivos considerados animais).

A raiva de seu pai perante a gravidez mostra que as mudanças estavam em andamento e seria necessário impedi-las. Por isso a isola em uma ilha (pouco elemento Terra e maior elemento Água), de forma que as questões práticas e terrenas parecerão limitadas.

Mas seu guia interior, os filhos da Terra (o cão) levava alimentos e peles. A comida antigamente tinha o poder de fixar a pessoa em um lugar. Desde a antiguidade, alimentos e bebidas estão presentes em ritualizações das mais variadas expressões de religiosidade e crenças.

Observando o comportamento do cão e sua relação com Sedna, é possível capturar uma ideia de que o ser humano não era violento. Não é da natureza humana ser violenta, no entanto a humanidade foi condicionada a ser assim, afinal se os deuses eram agressivos e tinham todos os tipos de vicissitudes, as pessoas herdaram esse comportamento paterno. Esses deuses de baixa moral incentivaram as guerras entre os povos e semearam a desumanidade.

Como a própria palavra diz "ser desumano" é ser anti-humano, portanto isso não pode ser uma característica do homem, mas de um condicionamento que leva a uma atitude desse tipo.

### A Morte do Cão

O caçador expulsa a filha de seu convívio e provoca a morte por afogamento do cão-esposo que levava alimento, roupa, proteção e carinho para Sedna.

Zecharia Sitchin, em sua obra: "O 12º Planeta", narra o dilúvio que matou diversos seres humanos e foi provocado pelos Nefilim que vieram de outro planeta e aqui estavam estabelecidos. Segundo Zecharia, Nefilim significava "aqueles que foram lançados", que desceram à Terra. Isso combina com a versão espírita de **Edgard Armond**, na obra "**Os Exilados da Capela**".

A Bíblia fala também em Gênesis, capítulo 6, que Deus decidiu destruir a humanidade com o Grande Dilúvio, os filhos das deidades que casaram com filhas de homens que estavam sobre a Terra, levando ao afogamento dos seres humanos da época.

Tal trecho da lenda de Sedna sugere esse momento da história terrena, aqueles seres, que aqui aportaram como deuses, destruíram parte da humanidade (ainda animalizada) que começava ter uma consciência de identificação com a Terra, deixando-a à mercê de seres que não tinham o profundo interesse em amá-la, mas apenas em se aproveitar dela.

O conto parece narrar uma revolta ocorrida tempos atrás na história do planeta, talvez uma tentativa de emancipação pelo livre arbítrio, pelo direito de escolha de ação. E isso desembocou em um tipo de tragédia na qual parte da humanidade se perdeu. Podemos ver que algo foi provocado, não sendo apenas um cataclisma natural. Como o cão se afogou é possível imaginar que o dilúvio ocorrido nessa época e registrado não foi por causas naturais.

A partir daí, a Terra ficou isolada. A época onde os deuses caminhavam entre nós tinha acabado, porém eles estavam por perto observando nossas atitudes, e em um determinado momento se aproximam outra vez, gerando uma nova situação simbolizada pela atitude onde Sedna envia seus filhos originários da ninhada do cão para atacarem *Anguta*.

## A Separação dos Filhos

Após a morte do cão, *Anguta* tenta alimentar Sedna novamente, mas o que fica subentendido é que os alimentos levados a ela, não é aceito e ela incentiva seus filhos morderem as mãos e pés de *Anguta*.

As mãos simbolizam habilidade criativa e os pés a estabilidade, a possibilidade de percorrer um caminho. Neste momento, a Deusa criou as dificuldades para a situação *Yang*, com uma baixa na habilidade criativa e geração de caos na estabilidade. Aqui surge a sensação de que as mudanças serão inevitáveis.

Protegendo de *Anguta,* ela envia seus filhos-cães para fora da ilha (seguindo por um caminho de terra) e seus filho-humanos em um barco que flutua em alto-mar (seguiram um caminho de água).

O simbolismo é bem claro, dois tipos de filhos existem nesta nova criação, um tipo mais espiritualizado e outro mais tecnológico, material.

Aqui entra um significado mais profundo do simbolismo onde três filhos são humanos e três tem formato animal.

Nessa parte da mitologia se observarmos em termos

energéticos, os três filhos em forma humana pode simbolizar os três Chacras superiores, enquanto os três filhos em forma animal os Chacras inferiores. É sabido que os três chacras inferiores contém padrões vibracionais que evocam as emoções do mundo animal, sendo que o segundo tem padrões reptilianos e o terceiro padrões dos mamíferos.

Olhando por este ângulo, esse seria o momento em que a Terra muda de frequência deixando de vibrar nos *vrittis* do terceiro chacra e passando a vibrar nos *vrittis* do quarto chacra (*Anahata*).

## O Pássaro Fulmar

A procura de Sedna pelo pai não simbolizaria o retorno àquela Era vivida? A fome, as doenças, a falta de higiene, a luta por igualdade, a divisão clara entre pessoas que querem proteger o mundo com modos sustentáveis de vida e de outros que não acreditam ou não querem isso.

A nível interno, parte da população busca respostas nas raízes de seu passado, na origem de seus ancestrais, o entendimento de sua origem, enquanto a outra parcela da humanidade parece corromper tudo o que toca, uma parte quer preservar, a outra usurpar. O mundo polariza fortemente: se não for branco, é preto, se não for preto, é branco. O caos surge em todos os setores.

A população do planeta começou a sofrer nesta nova fase. Isoladas dos deuses (aqueles seres mais evoluídos), as pessoas começaram a buscar um novo tipo de caçador (um novo modelo de deus) que pudesse alimentar novamente a tribo (a sociedade). O novo modelo não é evoluído, aparentava ser um homem bonito, mas era apenas outro animal.

Como era de se esperar, o planeta inteiro passa a sofrer com os novos caminhos a percorrer, vitimado por essa escolha. A fome, as doenças, a falta de higiene em todos os setores e o caos se tornam referências desse momento.

A população desse período simboliza o Fulmar. São seres que não tem nenhuma conscientização divina (nem paterna, nem materna), primitivos em sua consciência, violentos, sem objetivos que estejam de acordo com os objetivos do planeta e embriagados pelo poder provocam constantemente a destruição. São pessoas más conscientemente. Sentem o fascínio pelo desejo de dominar o mundo. Neste momento, Sedna (a alma da Terra) chora.

O planeta sente-se ameaçado com tal estilo de vida e começa a despertar para sua necessidade de encontrar seu novo rumo que pode estar em suas raízes, em sua origem. Só que essa busca tende a ser corrompida pela sociedade firmada pelos "Fulmar" (filhos do antigo sistema, *Anguta*).

## A Tempestade

A forte tempestade simboliza a grande tensão mental, intelectual agitando a emoção-medo de *Anguta*. Medo de se perder e não achar a saída no Inconsciente. Medo de mudar, de renovar de perder as estruturas, a insegurança das fortes mudanças.

Para isso, evita a morte a qualquer custo e sempre nesse processo de transformação perpetuará ao máximo sua estadia sem perceber que Ele próprio é quem está determinando seu fim temporário (pois o que ocorre é sua renovação e um novo ciclo será iniciado.

É interessante perceber que como nesse mito de criação, seu antigo criador, *Anguta*, se encontra à mercê dos pássaros do mar - pássaros que ele presumivelmente criou. No fundo, é Sedna, sua filha, que se torna a fonte animista de muitas das criaturas do mundo Inuit, quando seu pai, o antigo criador, corta os dedos dela.

A violência que leva à transformação de Sedna é crucial para o sentido da história.

Um ponto forte nesse mito é a covardia e a agressividade do pai para salvar sua própria pele. Essa parte da história mostra a clara tentativa de um sistema antigo e dominador (que se coloca como protetor, mas não que não o é), em impedir o desenvolvimento das habilidades que estão surgindo.

Os dedos simbolizam ideias (caráter) que favoreçam o desenvolvimento das habilidades criativas. Cortar os dedos significa impor limitações à sua realização. Mas quanto mais limites é imposto (cortes dos dedos) mais criaturas são geradas e uma nova era se inicia no pico da imposição.

Fazendo um paralelo com os dias atuais, diferentes espécies surgem no planeta: clonagem de seres, plantas, animais e muito provavelmente de seres humanos, alimentos transgênicos, mutações genéticas em plantas e em outros seres vivos, surgimento de radiações diversas afetando a estrutura celular e a mentalidade das pessoas, suspeitas de contaminações virais feitos por mãos humanas, etc.

## O Mergulho no Oceano

Claramente é a realização final do mito: o surgimento de novas consciências.

O dramático simbolismo de tentar se segurar no barco, o corte dos dedos, a submersão no fundo do mar marcam o momento mais terrível dessa mitologia, no entanto, mostra a conclusão de seus objetivos, a criação de uma nova era, novas consciências surgem nessa fase, bem antes da Deusa Sedna ir para o abismo do oceano (o retorno do planeta Sedna aos confis do Universo).

Para termos essa consciência, teremos que fazer o sacrifício de nos libertarmos da mente reativa:

Quando Sedna tem que largar tudo: segurança, estabilidade, esperança de ir para casa, enfrenta a mente reativa que nos prende naquilo que consideramos confortável. Largar essa zona de conforto, liberta nossa consciência.

Abandonar sua antiga forma de agir, e renovar atitudes mostra que existe maturidade, e que esta precisa se tornar consciente e expressiva. Quando tem que abandonar a própria vida e se entregar a morte nas águas tremendamente geladas (simbolismo profundamente Yin).

Neste ponto da lenda, surge uma incógnita: será que vamos precisar reviver essa mesma situação (o mergulho nas águas –

o dilúvio) já vivida por nossos antepassados? Sabemos que os oceanos estão aumentando os níveis [30; 31].

### Dominando o Fundo dos Oceanos

Depois de todo esse sofrimento, Sedna afunda nas águas. Uma alusão clara que o planeta retorna para o abismo do Unvierso por mais longos anos, até chegar a época de renovar as consciências outra vez.

Essa situação simboliza seu momento de transformação. O planeta inteiro, a civilização humana amadurece (em boa parte). O espírito da Lua (um aspecto da Deusa) e do Ar (um aspecto do Deus), unidos decretam o novo reino (a nova fase espiritual) para Sedna.

Em termos da individualidade, novas regras provenientes do Inconsciente serão ditadas atingindo diretamente àqueles que tenham uma sintonia com os objetivos da Terra (Ela tem seus próprios projetos), que tenham consciência grupal evolutiva, que buscam por uma harmonia e bem estar entre os povos.

Por que sempre é necessária a morte de um fator simbólico intenso (como por exemplo, Jesus Cristo) para que haja uma união entre céus e terra? Porque essa morte culmina com a morte do Ego e com a consequente atuação do espírito sobre esse Ego.

As novas regras geram mudanças bruscas e intensas na consciência das pessoas, resultando no aumento da separatividade entre elas. Ora, quem corta e separa é a mente. Portanto essa separação virá pelo distanciamento mental. Uma parte da humanidade fica insana mentalmente, enquanto a outra luta para equilibrar-se.

Em algumas versões, Sedna aceita o retorno de seu cão-esposo em seu novo reino. Seria equivalente a dizer que os filhos da Lua, também conhecidos como filhos da mãe-terra, fiéis e leais ao planeta que amam, tem suas ações e seus esforços reconhecidos. Mas também pode significar que é permitido permanecer sob o controle da Terra (em sua nova fase evolutiva) seres que ainda não atingiram uma evolução adequada, mas possuem suficiente carinho para com a Terra.

Quando *Anguta* é tragado pelo mar, ocorre finalmente sua transformação pelo Inconsciente. Em nenhuma versão, a lenda conta, mas fica implícito que, nesse momento, a Deusa pode estar grávida mais uma vez de seu cão-esposo, e o novo Deus que nascerá terá atitudes alinhadas com os novos objetivos dela, até novos propósitos serem traçados por ela.

A ideia de que todos foram morar juntos no fundo do mar, mostra que a integração com o Inconsciente é tamanha que os objetivos das pessoas nesta época, estarão em plena comunhão com os dessa Deusa (também conhecida como senhora das águas, senhora da Lua e dos oceanos).

A lenda mostra o fim de toda uma sequência de Eras de guerras, de busca pelo poder e o início de uma fase de expansão de sabedoria. Há uma união e aceitação pacífica entre os povos da Terra com os deuses que os criaram.

E a história termina aqui, com Sedna na iminência de ter seu novo filho, ou seja, o inicio de um novo ciclo na história da humanidade. Agora sob uma nova ótica e novos desafios.

### Considerações

O mito mostra que a consciência do planeta, de uma forma geral, está em mudanças e isso combina com a teoria espírita de que a Terra está deixando de ser um planeta de provas e expiações (terceiro Chacra) e passando a ser um planeta de regeneração (quarto Chacra).

Nesse novo ciclo, os filhos da Lua (o cão) já tendo passado por todas essas situações se encontram em comunhão com os objetivos do Universo e isso gera uma nova fase de plena evolução. Necessidades pessoais, trabalho, tempo e características sociais serão melhor avaliadas.

Esta é uma época fantástica de muita evolução, com amadurecimento da população acerca de sua consciência espiritual.

Sedna simboliza o histórico do planeta Terra, suas

aspirações e projetos enquanto organismo vivo que tem um objetivo próprio a cumprir, mas também simboliza o desenvolvimento e libertação das consciências existente dentro deste sistema planetário.

Libertação das amarras na consciência grupal ou social. Libertação do sentimento preso de irmandade existente em todos as raças e povos do planeta. Libertação dos abusos familiares, das agressões sociais, traição e abandono. Libertação da falta da percepção de que o Ambiente (Natureza), os Humanos e os Animais formam um tripé que precisam estar em equilíbrio.

Toda essa libertação se resume a uma única: **Liberdade da Consciência**.

Neste caso, políticos e líderes mundiais que estão como pais ou protetores da sociedade, que desenvolvem projetos de alimentar seu povo (física, mental e culturalmente) estão ligados a esse simbolismo. Com certeza essa não será mais a Era que consiga comportar ditadores (usando os formatos dos séculos passados).

Líderes religiosos que abusam, que criam medo e relacionamentos de submissão também tem seus dias contados, eles surgem à tona para serem destronados.

Sedna mostra a luta para que habilidades existente no Inconsciente mais profundo de uma sociedade não sejam perdida, que a impotência diante dos fatos não seja dominante. Por isso, avanços em diversas áreas estão surgindo e de forma intensa, visto que as consciências grupais estão sendo estimuladas intensamente e o mundo se abre em novas possibilidades de consciências.

O Inconsciente pode ser facilmente associado às profundezas do oceano: frio, misterioso, aterrorizador, tem lados que nunca se vê (não temos conhecimento dos abismos oceânicos). Esta é uma Era importante para conseguimos estabelecer um entendimento maior de nosso Inconsciente e reestabelecer a Consciência.

Antes do despertar das consciências, o mundo nunca

vivenciou tanto um estado de Zumbi como agora (vivendo seu dia-a-dia sem vida interior). Quantas pessoas conhecemos que seus maiores prazeres é tão somente comer, beber, dormir e ter sexo? Pessoas que não se conhecem, nem aos mecanismos de sua vida e vivem como zumbis. Sedna nos convida a não estarmos mortos em vida, e nos prepararmos para enfrentar a mente reativa.

Talvez esse estado seja justamente aquele em que as pessoas tentando se agarrar ao barco dos valores superficiais, com medo de enfrentar a tempestade das fortes mudanças mentais e emocionais que o momento traz. É possível que este seja o estímulo que fará as consciências aprofundarem suas existências e com isso serem deusas de seu próprio inconsciente.

Nesse momento, os supostos protetores, com medo de perderem seu poder e dominância, tentam impedir a consciência de se manter unidos a eles e empurram para fora do barco obrigando essas consciências a aprofundarem dentro de si. E isso gera novas possibilidades.

A narração do mito mostra que nossos desejos de não aceitarmos certas realidades lhes sendo resistente pode gerar tragédias, e novas possibilidades, novas vidas surgem disso.

O conto passa a ideia de que precisamos assumir a responsabilidade por nós mesmos, para que deixemos fluir a vazão de criatividade interior que é nossa consciência.

## SINCRONICIDADES

### FILMES

Filmes criados na década de 2000 trouxeram um novo conceito de zumbis, sendo mais ágeis, ferozes, inteligentes e fortes que os antigos.

Todos sabemos que vampiros, lobisomens e outros seres misteriosos e míticos que vivem na escuridão da noite são símbolos plutonianos.

Coincidentemente, estes seres deixam de ser assustadores tornando-se fetiches e desejos adolescentes com o lançamento de *Crepúsculo* (em 2008). Esses vampiros não chupavam sangue humano, mas de animais, sendo considerados vegetarianos no contexto; filmes como *As Branquelas* e *Meninas Malvadas* fazem sucesso ao mostrar a relatividade das ações plutonianas (entre bem e mal); *Matrix* (a trilogia) foi considerado obra prima, contendo referências filosóficas e mitológicas ligadas **ao despertar da consciência** usando o mito da caverna de Platão, Simulacros e Simulação, de Jean Baudrillard e Alice no País das Maravilhas, de Lewis Carroll;

Em 2004, David Mitchell escreveu o romance *Cloud Atlas* que virou filme estreando em 2012. Em 2015 estreou a série *Sense8,* que trabalhava a questão de uma consciência conseguir unir-se a sete outras consciências, e nessa união as transferências de culturas, sentimentos, compreensão, e habilidades podem ser enviadas umas às outras.

Super-heróis, símbolos do poder da consciência, ressurgem com uma nova roupagem e reacende o interesse nesse tipo de mitologia.

## MÚSICA
Susan Margaret Boyle, cantora escocesa de aparência simples, descuidada e insegura, mostra que o espírito, a essência, é mais importante que a aparência e torna-se uma celebridade.

## RELIGIÃO
Surge o movimento de neo-ateísmo com o lema: **"a religião não deve ser só tolerada, mas combatida**, criticada e exposta **por argumentos racionais**, sempre que a sua influência surge"; Termina uma liderança papal de 26 anos em 2005.

## POLÍTICA
Ditadores no mundo começam a cair (ou morrem) e seu regime entra em crise, ídolos mundiais tem sua imagem político-social quebrada; o terrorismo é reavaliado, as pessoas começam a discutir e entender mais sobre as ações políticas e

seus posicionamentos, julgamentos por crimes contra a humanidade ocorrem.

## FOME – ALIMENTAÇÃO - OBESIDADE

A fome toma proporções maiores, sendo lançados programas de desenvolvimento sustentável, e de segurança alimentar; descobre-se que a fome não se trata apenas de não produzir alimentos suficiente para todos, mas também do não acesso a essa produção alimentar, devido a marginalização econômica [28].

A fome esconde um importante aspecto da nossa vida diária: nossos hábitos alimentares. Eles estão atualmente estreitamente ligados ao quadro de miséria, subnutrição e fome. Por outro lado, se relacionam também a um enorme desperdício, à degradação do meio ambiente e à má saúde da população [29].

Aumentam o percentual de pessoas que são vegetarianas e a das que querem diminuir o consumo de carnes.

A obesidade torna-se pandemia silenciosa; aumentam casos de distúrbios alimentares e surge um novo tipo de distúrbio: a ortorexia, uma busca da alimentação saudável de forma tão obsessiva que é capaz de adotar medidas extremas para manter a pureza do organismo (o que paradoxalmente não é saudável).

## INFORMÁTICA

A Internet se consolida como veículo de comunicação em massa e armazenagem de informações, surge e se fundamenta o conceito de uma rede sem fio e da computação em nuvem, a ionização dos gases nobres se torna uma realidade.

A mutação tecnológica surge através da velocidade com que as informações estão ocorrendo permitindo uma democratização de conhecimentos que, embora divisíveis, são flexíveis permitindo sua adaptação a qualquer cultura. O computador quântico se torna real e abrirá as portas para um novo futuro. Muitas profissões terão que se adaptar para não deixarem de existir, algumas deixaram de ser praticadas pelo ser humano, naturalmente.

## CIÊNCIA

O projeto *Genoma* foi concluído, a classificação dos corpos celestes foi reformulada, e foi descoberto água congelada em Marte e na Lua; surgiu o Bóson de Higgs, partícula elementar que teoricamente surgiu logo após o Big-Bang; Surgem Organismos Geneticamente Modificados (OGM). A partir da descoberta dos transpósons (também denominados DNA saltitante), as portas para o cruzamento entre espécies e reinos diferentes foram abertas. Essa tecnologia tornou possível o isolamento e clonagem de genes de bactérias, vírus, plantas e animais para serem introduzidos em plantas. Revolucionou os programas de aperfeiçoamento dos vegetais. O que seria impossível por meio de simples cruzamentos sexuais.

É inevitável o surgimento de novas espécies neste ciclo. Como no longínquo passado, estamos criando novas espécies de alimentos para superar a fome.

## CONSTRUÇÃO

Foi construído o maior arranha-céu, com 828 metros de altura localizado em Dubai, nos Emirados Árabes [16].

## A MUTAÇÃO SOCIAL E A INDIVIDUALIDADE

Este corpo celeste tem um pouco da dinâmica de Plutão, pois mostra o enfrentamento das experiências plutonianas para sua consequente libertação. Então traz consigo passionalidade, um roteiro de tragédia, de abnegação, de criação, de despertar da ilusão e da consciência da sua identidade espiritual (sua verdadeira consciência). Apesar disso, realiza uma função que os Senhores da Destruição (Urano, Netuno e Plutão) não fazem: **Aglutinar.**

Em todo o mundo, a busca pela consciência, aumenta o número de pessoas que não se sentem mais satisfeitas seguindo ou sendo algo diferente daquilo que é interiormente. Ao mesmo tempo, o medo existente de assumir sua postura diante do volume de valores sociais a que estão expostos, torna-se diminuto.

A internet surgiu como ARPANET em 1969, foi em 1990

que adquiriu a forma atual, terminando a era ARPANET.

A Globalização tomou forma na década de 2000, e não seria possível sem a Internet, embora esta aproximação das pessoas, não gere uma união real na maioria dos casos. Os conhecimentos são agregados a um nível altíssimo para ampliar a capacidade humana. Cada pessoa terá certeza e a consciência de pertencer a este mundo como sempre deveria ter sido (e essa nova forma de entendimento está sendo estabelecida).

O materialismo que dominou séculos de nossa história criando uma humanidade perversa, confusa e fútil pode vir a ser uma condição que gerará um mundo mais humano. Talvez isso ocorra após as mutações sociais que estão ocorrendo no mundo: a mutação tecnológica, mutação filosófica da espécie humana.

## MUTAÇÃO DAS DIFERENÇAS SOCIAIS

Um dos acontecimentos a sofrerem mudanças radicais é o aspecto racial. Durante muitos séculos, a definição de raça foi interligada ás questões das diferenças de condição social, ou de diferenças sociais. Agora finalmente, vagarosamente, mas de forma contínua, se chega à conclusão que o conceito de raças deverá ser modificado, para ser atualizado.

Uma nova postura social aceitando as diferenças sexuais. No mundo inteiro homossexuais se agrupam para obterem direitos sociais. Essa reforma social ocorrerá, pois o despertar da consciência de um indivíduo passa pela descoberta de sua sexualidade. E o que ocorre mundialmente neste campo é apenas o reflexo do despertar de uma identidade sexual dentro de uma sociedade. Como consequência, a consciência grupal também será despertada. Aquilo que existia de forma oculta deverá ser exposto.

A estopim para ocorrer a primeira Parada do orgulho LGBT surgiu na madrugada de 28 de junho de 1969, após uma batida policial, lésbicas, gays, bissexuais, travestis e transexuais frequentadores de um bar chamado Stonewall Inn, em Nova York, nos Estados Unidos, enfrentaram agressões, preconceitos, humilhações e perseguições já vividas há tempos.

A situação perdurou por dias, o grupo resistiu e enfrentou a ação policial. A tensão tomou então proporções mais violentas e ganhou o apoio da comunidade que, mesmo após o fim do episódio no bar, foram às ruas protestar e exigir igualdade de direitos.

No ano seguinte foi realizada a primeira parada. O movimento foi fundamental para fortalecer a luta LGBT+ no país e acabou influenciando outras partes do mundo.

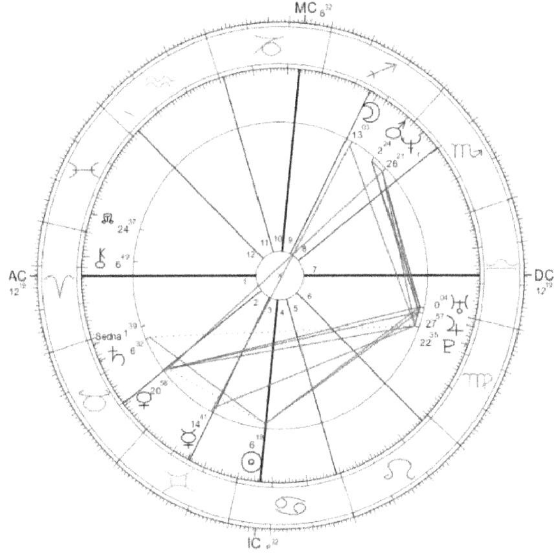

Mapa astrológico de 28/06/1969- 01:00 h (am) em New York (NY)

Observe que Sedna está em uma conjunção de 5° com Saturno e este em quadratura com Urano (mapa feito para a madrugada de 28/06/1969): mudança de modelo social com violência, lenta, mas definitiva.

No Brasil, a Parada do Orgulho LGBT é considerada uma das maiores do mundo. A primeira ocorreu em 28/06/1997 marcado para o meio-dia e neste momento a Lua estava conjunta com Saturno e Sedna fazia um aspecto de 30° com essa conjunção (daí a popularidade).

Estamos assistindo à aglutinação das ideologias sociais integrativas. E esta é uma das atuações de Sedna. As novas gerações, com a maior facilidade, absorvem grandes diferenças culturais e na maioria das vezes podem se tornar incompreendidas pelos mais idosos.

Neste momento de mutações sociais, o tempo deixará de regular o espaço, como fez até então. Agora o espaço não-físico (como no caso da Internet, dos celulares, das redes de comunicação digitais, etc.) é que estrutura o tempo. Isso acaba gerando uma discrepância enorme entre o antigo e o novo, que será um pré-requisito para promover a diminuição das diferenças sociais.

## DEFINIÇÃO SOCIAL DO QUE SERIA O MAL

Segundo alguns jornais de destaque mundial, 2001 foi o ano mais mortífero da história do terrorismo mundial devido aos atentados de 11 de setembro de 2001 contra o Pentágono, nas cercanias de Washington, e as torres do World Trade Center, em Nova York.

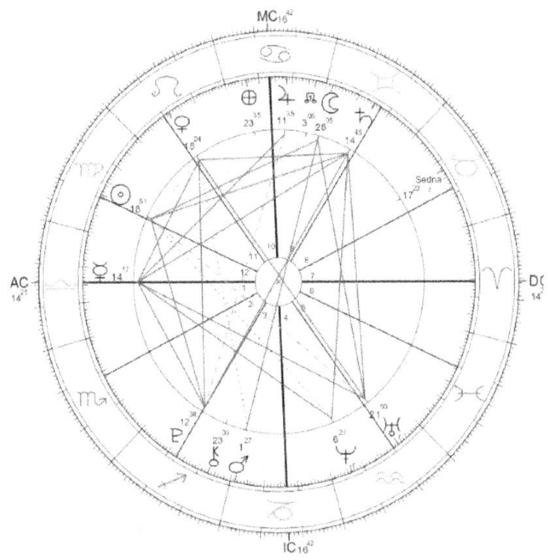

Ataque as Torres Gêmeas em 11/09/2001 às 8:46 em New York (NY)

Observando a posição de Sedna, que se encontra na Casa 8, é possível capturar diversas informações inclusive se usarmos Sedna como regente do Signo de Virgem.

O terrorismo, não é só aquele que lida com bombas e quer explodir os lugares, mas aquele que através de seu ódio gosta de minar os esforços positivos de quem quer que seja, para que suas ideias prevaleçam. No fundo é uma questão de poder, do poder de fazer prevalecer suas ideias.

Torna-se óbvio que os terroristas não sabem o que de fato lhes pertence. Sua busca por aquilo que deveria ser seu, torna-se o desafio de se relacionar com o mundo material, que infelizmente, não está sendo feito de forma saudável. O vazio dos valores internos faz com que os valores pessoais adquiridos estejam ligados a objetos externos como o poder ou o dinheiro e isso relacionado com a quantidade de ganho material. Sem poder, dinheiro ou uma boa quantidade disso, o terrorista sente que não tem valor próprio. Ele busca o terrorismo como forma de compensar a ausência de valor próprio. Ele sente fome de si mesmo.

Surge a necessidade de separação entre o que é certo e errado. Algumas vezes se verá que **aquele que faz o papel de protetor, pode ser um algoz disfarçado, e será desmascarado.**

O processo de tomada de consciência dos membros de uma sociedade não é um processo homogêneo, mesmo dentro de uma mesma cultura, cada pessoa se apodera dessa consciência de forma diferente. O mal será harmonizado quando o pensamento de ódio for controlado. Ódio, de forma simplista, são nossas fraquezas pessoais e mentais projetada nos outros: uma mente doente não é compreensiva.

# PARTE 4-Estado Cósmico Planetário

ANALOGIAS

Rejuvenescimento, despertar da Consciência (de acordo com a localização no mapa), acesso às memórias de outras vidas, capacidade de aceitação, poder de renovar, multiplicar e aglutinar (Plutão, Netuno e Urano destroem para renovar), capacidade de aceitação.

Plutão, no mapa, mostra onde as energias são destruidoras, mas o processo para que isso ocorra é a ampliação temporária dessas energias para em seguida haver a destruição (algo como células cancerígenas que ao se agruparem fica fácil de serem removidas).

Sedna age ao contrário, após a separação, o corte, ocorre a aglutinação.

Sendo assim, no mapa astral, marca o local onde algo está sendo encerrado, e começando uma fase de maior maturidade, de generosidade (doação de seu tempo, de seus valores psíquicos, de suas experiências pessoais). Esse despertar da ação de Sedna, traz consigo a força para derrotar o domínio que Plutão exerce neste mesmo mapa.

Sedna favorece contatos com seres de outras dimensões

(humanos ou não, formas pensamentos, etc.). Poder para ultrapassar os limites. Poder de gerar a vida (em suas formas diversas: mentais, emocionais e físicas). Essa nova vida não parte do nada, mas da aglutinação de algo que já exista. Síntese que gera novas situações. Indiretamente cria ânimo, alegria e disposição no próprio espírito e no de outras pessoas. Poder de provocar evolução em um ambiente. Poder de criar novas células (manipulação de genes latentes do próprio corpo), daí o rejuvenescimento (muitas pessoas não aparentarão a idade que tem).

No corpo físico se relaciona com os ácidos desoxirribonucleicos (principalmente com o DNA mitocondrial devido sua alta taxa de mutação). Este tipo de DNA é utilizado na caracterização de linhagens e/ou espécies de vários organismos, auxiliando em estudos taxonômicos e evolutivos.

Sedna se relaciona com doenças neurológicas, necrose e regeneração das fibras musculares, diabetes melittus e doenças neurodegenerativas (que atacam principalmente o sistema nervoso central). Doenças do coração provocadas por meios ocultos (tipo excesso de gases no sangue, dificuldades de eliminar corretamente o bolo fecal).

Em desarmonia simboliza caos, fome, insegurança emocional e material, medo de solidão, medo de ser incapaz de prover sozinho sua subsistência (tudo isso são problemas mentais). **Essas tendências devem ser aplicadas à casa astral onde se situa Sedna.**

Nervosismo por não atingir metas, capacidade de transgredir as regras de um modo aparentemente passivo (aceita os fatos como são, mas tentará do seu modo e ao seu tempo, criar condições de gerar novas opções que no futuro permitam a exposição de suas metas).

Sedna também tem uma importante analogia: representa a vida evolutiva da Consciência e sua ação na Terra. Sob uma determinada ótica simboliza a **relação daquela individualidade com a Alma do planeta.**

Apesar do mito se passar em meio a muitas águas (Inconsciente), o objetivo da narração é o do prover o bem-estar material (seja da Deusa ou do Xamã que interfere ao solicitar que não falte alimento ao seu povo).

Portanto apesar da ligação com o elemento água (e ar pelas tempestades), o elemento terra é a estabilidade que se almeja: uma boa comida, uma boa proteção, um bom companheiro de vida. Uma boa relação com os deuses. E isso tem forte conotação com signos de Terra.

## TEMPERAMENTO PLANETÁRIO DE SEDNA

Magnético, tanto passivo quanto ativo, fecundo, nervoso, exigente, apaixonado, reflexivo, meditativo. Tem características de SECO e FRIO.

O SECO forma uma natureza tensa, rígida e rigorosa, que busca a coesão interna. Traz um sentido de exagero. Pode direcionar as coisas com forte intensidade. Natureza apaixonada. O Seco traz a força da Individualidade que não se perde no outro, que tende a dominar os outros pelo seu Eu, gera perseverança, obstinação tem força de disciplina.

O FRIO gera uma natureza com característica a interiorização, retração, a ser de ações e movimentos lentos. Adora comodidade, traz um sentimento de reserva, recolhimento. Essa facilidade em introspectar gera predisposição a tristeza, ao pessimismo. Sua individualidade se desenvolve através das relações, pois existe facilidade para absorver o outro em si mesmo. Acumular é uma tendência. Existe uma grande capacidade contemplativa e isso permite ir a outros níveis de contatos com outros seres (sejam em plantas, animais ou de outras dimensões). Tem capacidade de interiorizar o que se passa no ambiente, sendo natural a contração, adesão a condensação e a absorção.

Pela combinação das qualidades (Frio e Seco) Sedna pertence ao elemento **Terra**.

# RELAÇÃO COM AS QUALIDADES PRIMITIVAS

De acordo com a tradição astrológica temos:

| PLANETAS | QUENTE (+ +) | SECO (- +) | FRIO (+ -) | ÚMIDO (- -) |
|---|---|---|---|---|
| SOL | X | X | - | - |
| LUA | - | - | X | X |
| MERCÚRIO | | X | X | |
| VÊNUS | X | - | - | X |
| MARTE | X | X | - | - |
| JÚPITER | X | X | - | - |
| SATURNO | - | X | X | - |
| URANO | X | - | - | X |
| NETUNO | - | - | X | X |
| PLUTÃO | - | X | XX | X |
| SEDNA | - | XXX | XX | - |

| SIGNOS | QUENTE (+ +) | SECO (- +) | FRIO (+ -) | ÚMIDO (- -) |
|---|---|---|---|---|
| ÁRIES | X | XX | - | - |
| TOURO | - | X | XX | - |
| GÊMEOS | XXX | X | - | XX |
| CÂNCER | - | X | XXX | XX |
| LEÃO | XX | X | - | - |
| **VIRGEM** | - | XX | X | - |
| LIBRA | X | - | - | XX |
| ESCORPIÃO | - | - | XX | X |
| SAGITÁRIO | XXX | XX | - | X |
| CAPRICÓRNIO | - | XX | XXX | X |
| AQUÁRIO | XX | - | - | X |
| PEIXES | - | - | X | XX |

Apresentamos a relação dos planetas astrológicos com suas respectivas dignidades planetárias:

O destaque dado se refere a nossa visão pessoal das dignidades planetárias para Urano, Netuno e Plutão, da forma como conseguimos enxergar suas atividades de força e domínio de suas energias essenciais

Em nossa visão, Sedna atende perfeitamente o domicílio em Virgem. A forma como reage quando está em Exílio pode ser visto, um pararelo, com pessoas que tenham Sedna na Casa 12.

Em Escorpião, Sedna favorece a multiplicação e despertar das consciências, sendo portanto, um excelente indicativo de sua Exaltação e consequentemente em Touro estaria em queda.

| PLANETAS | SIGNOS RELACIONADOS | | | |
| --- | --- | --- | --- | --- |
| | DOMICÍLIO | EXÍLIO | EXALTAÇÃO | QUEDA |
| SOL | Leão | Aquário | Áries | Libra |
| LUA | Câncer | Capricórnio | Touro | Escorpião |
| MERCÚRIO | Gêmeos<br>Virgem | Sagitário<br>Peixes | Aquário | Leão |
| VÊNUS | Touro<br>Libra | Escorpião<br>Áries | Peixes | Virgem |
| MARTE | Áries<br>Escorpião | Libra<br>Touro | Capricórnio | Câncer |
| JÚPITER | Sagitário<br>Peixes | Gêmeos<br>Virgem | Câncer | Capricórnio |
| SATURNO | Capricórnio<br>Aquário | Câncer<br>Leão | Libra | Áries |
| URANO | Aquário | Leão | Virgem | Peixes |
| NETUNO | Peixes | Virgem | Leão | Aquário |
| PLUTÃO | Escorpião | Touro | Gêmeos | Sagitário |
| SEDNA | Virgem | Peixes | Escorpião | Touro |

Na data da descoberta de Sedna (14/11/2003), Plutão estaria em Queda (em Sagitário) pra que a força de Sedna (também está em queda), pudesse começar a aparecer mais claramente. Isso nos leva ao entendimento de que Plutão fica exaltado em Gêmeos.

No ano de 1650 d.C. Sedna estava em Exílio (em Peixes) e Plutão em Exaltação (em Gêmeos) e portanto o estímulo e o despertar das Consciências estava bem complicado.

O início da era de Aquário em 2160 d.C. (versão não oficial) se dará com Sedna entrando em Domicílio no signo de Virgem. Na data da versão oficial da IAU, em 2600 d.C., Sedna estará em Exaltação, em torno de 19° de Escorpião.

Considero Plutão exaltado em Gêmeos, porque além dos eventos que ele evoca, existe o simbolismo dele possuir cinco satélites naturais (luas) conhecidas, e o maior deles (Caronte) tem cerca de metade do tamanho de Plutão, como se Plutão e Caronte fossem planetas gêmeos [32].

Sedna leva 11.400 anos para dar uma volta ao redor do Sol. O movimento se torna mais rápido quando se aproxima de seu periélio (passagem próxima ao Sol) levando em torno de 1.500 a 2.000 anos, para percorrer metade dos signos da eclíptica zodiacal.

Sedna se move mais devagar, quando se aproxima do afélio (ponto mais distante do Sol em sua órbita elíptica), levando aproximadamente de 9.400 a 9.900 anos para atravessar os outros seis signos do zodíaco.

Isso mostra que **durante o Periélio** é o **período de oportunidades para as consciências evoluírem, mudarem seu grau evolutivo**, passado esse momento, as consciências entram novamente em um novo ciclo de aprendizagem e apenas no próximo periélio as novas lições serão concluídas.

Lembrando que:

**DOMICÍLIO**: é o planeta colocado no seu próprio signo, isto é, o signo que ele é o regente. Ele expressa sua energia espontaneamente. O planeta está na sua força máxima.

**EXÍLIO** ou **DETRIMENTO**: quando o planeta está situado no signo oposto àquele em que ele rege. Neste caso, ele encontra obstáculos e precisa se esforçar para usar sua energia, ou adaptar-se às características do signo em que se encontra. Seu poder prático e de ação (lado Yang) pode ser enfraquecido, ao mesmo tempo que pode aumentar o seu valor psíquico (lado Yin).

**EXALTAÇÃO**: quando o planeta está em um signo onde se sente forte, sua força de ação aumenta, tem poder para concretizar e ampliar as possibilidades de seus significados.

**QUEDA** ou **CAÍDA**: quando o planeta está situado no signo oposto ao de sua exaltação. Neste local, ele perde sua força e poder, fica fraco, debilitado e isso pode (ou não) gerar conflitos e confusões, ou simplesmente não imprimir seu poder como deveria.

# PARTE 5-Sedna nas Casas Astrológicas

S edna mostra em que ponto da evolução da consciência ela se encontra trabalhando, suas deficiências, seu potencial, a evolução adquirida, o tipo de experiência que precisa ter e aquelas ações que mais tem facilidade de realizar. Enfim, expõe como anda o processo de maturidade espiritual e as dificuldades que essa consciência enfrenta para atingir suas metas evolutivas. Para isso, é fundamental perceber a relação com os outros planetas e sua localização nas casas zodiacais.

Estamos lidando com um símbolo da Alma do planeta Terra, e por analogia, com o espírito coletivo que compõe essa Alma, dentro de cada um ser senciente. Na astrologia esotérica esse simbolismo está relacionado com o eixo Virgem-Peixes. A consciência Crística surge através da constelação de Virgem, enquanto a consciência Cósmica surge por meio da constelação de Peixes.

Na faixa de tempo que envolve sua translação ao redor do Sol (11.400 anos), existe uma quantidade variável de vidas que uma pessoa pode viver (a roda de Samsara). A posição de Sedna mostra onde a sabedoria obtida nas experiências dessas vidas existenciadas neste ciclo estão interligadas, unidas, e onde é possível obter os resultados dessas experiências para que haja a libertação da Consciência.

Em outras palavras, Sedna reúne todas as experiências vividas nesse período de 11.400 anos. Algumas pessoas estão encerrando esse ciclo, outras estão começando um novo ciclo, outras ainda precisam de mais algumas rodadas...

Em termos astrológicos, algumas considerações precisam ser feitas:

- Devido ao movimento de translação extremamente lenta isso se reflete no campo de atuação do planeta. Considero sua atuação de até 6° graus (tanto para aspectos aplicativos quanto separativos).

- Tenho sentido que até 5° graus de distância da próxima cúspide de uma casa astrológica, já se faz sentir seu efeito, porém devido sua estrema lentidão, nessa distância (de 4° e 5° da cúspide), os efeitos envolvem as duas casas, principalmente se Sedna estiver retrógrado. Por exemplo, Sedna na Casa 1 localizado a 5° da cúspide da Casa 2 e ainda retrógrado, mostra um duplo trabalho a fazer: Primeiro encontrar sua força e essência simbolizada pela Casa 1, só então poderá liberar a força de um Sedna na Casa 2. Neste exemplo específico, só depois que libertar sua coragem, sua força de ação é que a expressão de sua consciência poderá brilhar o potencial existente na Casa 2, mas ambas indicações estarão juntas após a liberação das duas. Uma não excluirá a outra.

- Sedna é uma âncora no mapa, ou seja, todas as relações planetárias e situações descritas na mandala astrológica visam atingir os objetivos indicados pela sua posição. Isso quer dizer que todo o drama vivido pelos sete planetas interiores mais a atuação dos transaturninos (Urano e Netuno) servem a um objetivo: atingir a meta da evolução da consciência segundo o roteiro estipulado pela localização de Sedna que mostra como faremos nosso despertar da consciência. Plutão e Sedna pertence a um grupo chamado de transnetunianos.

Sedna indica o tipo de caminho que percorremos para que nossa consciência atue de forma livre. Mostra qual região (no mapa astrológico) é a mais profunda, misteriosa e onde está a força de mutação que precisamos manipular (onde o espírito inicialmente se encontra preso pelos quatro elementos). É onde fixamos a rota para as vidas.

Se o regente de Sedna está em contato harmônico com Plutão ou Netuno, corre o risco da pessoa realizar o que Sedna promete, porém através de uma lição dura. Exemplo, ao invés de trazer uma estabilidade política e social adequada, essa pessoa se torna um tirano fazendo os outros sofrerem até elas aprenderem a se libertar dos medos que ajudaram a elegê-lo.

Outro exemplo, se o regente de um Sedna na casa 9 estiver muito mal aspectado, essa consciência despertará a consciência alheia, mas pode ser pela dor e não exatamente pela sua evolução.

A regência das casas segue como no tradicional. Por exemplo: Virgem no Ascendente e Sedna (seu regente na C-8) indica uma vida que despertará sua consciência e também fará isso com outras consciências.

Os dados referentes à vida das personalidades mencionadas neste capítulo foram extraídas da Wikipédia.

Dados referentes aos Mapas Astrológicos foram obtidos nos sites:

- www.astro.com/astrowiki/en/Main_Page;
- www.mapadoceu.com.br;
- www.viastral.com.br; e
- https://megastrologia.com

## SEDNA NA CASA 01

**Início de um ciclo espiritual. A Consciência marca a sua Expressão.**

Na lenda esta posição planetária está relacionada com o trecho onde Sedna quer alguém que Anguta (seu pai) não aceita. Este simboliza alguém que tenha uma ascendência sobre o indivíduo: chefe, pai, presidente, dono de firma, marido, uma empresa ou quem possua posição de superioridade e detenha o controle. E essa pessoa (ou empresa) não concorda com o fato do nativo unir-se a ideia (ou a uma consciência espiritual) avançada. Isso fará com seja imposto atitudes fortes que levarão esse indivíduo a expandir sua Consciência através de um caminho de lutas, mas ao mesmo tempo, com bastante criatividade.

Há um forte movimento interno para desenvolver a capacidade de expressar a Consciência, projetando-a materialmente. Isso não quer dizer que essa indicação faça alguém possuidor de grande evolução espiritual. Apenas que, essa posição facilita projetar de forma impulsiva, agressiva e dinâmica, os resultados apreendidos das experiências adquiridas de outras vidas que se relacionam com a atual vida.

Sendo assim, suas antigas experiências, das várias vidas, ao se unificarem nessa localização específica (Casa 1) permitem abrir caminhos para que outras Consciências possam se expressar.

Existe um gostar de ser pioneiro, de trazer algo novo para as pessoas, de exibir ou trazer à tona novas formas em locais ou situações que não existiam antes. Curiosamente, quem possui essa posição nasce em família ou grupo social de laços muito fortes com vínculos antiquados e limitantes da Consciência e que precisam ser rompidos, e ao mesmo tempo, abrir novos rumos.

É provável que um dos pais terrenos (geralmente a figura paterna) atue como um fardo ou como alguém a quem o nativo tenha sempre que perdoar suas atitudes. De forma consciente ou não, estes interferem em seu progresso material ou espiritual.

Pessoas que não gostam do nativo acabam ajudando-o a crescer, através de situações contraditórias que a vida cria. Pode passar por períodos de extremas necessidades materiais, por exemplo: fome, falta de um lar, ser exilado, ser perseguido, etc.

No começo de sua jornada, enquanto não harmoniza sua expressão pessoal, sua Consciência se deixa ser levada, comandada, pelas antigas formas de vida, mas vai aos poucos, deixando de aceitar essa liderança, pois é imperativo dentro de si que haja originalidade naquilo que desenvolve, que não se repita os mesmos erros dos que vieram antes de si. Há um sentimento forte de querer abrir caminhos para novas formas de enxergar ou de pensar. Também vai ficando menos confortável a situação de permanecer à mercê de estruturas antigas, até que em um momento resolve partir para se expressar em alguma área da vida, mas de forma original e contundente.

Quando fica em estado de desequilíbrio, e isso ocorre sempre que não estiver indo em direção a expressão de sua consciência, é marcado por: medo que o paralisa para agir, ousar, fazendo-o temer enfrentar a vida e as dificuldades que o encaminharia ao progresso; é marcado pela perda de sua coragem devido às realizações alheias; marcado pelo seu egoísmo feroz que não sabe como se doar. Não sabe gerar união entre as pessoas ou situações no ambiente em que vive. Perde-se no meio do caos de ações não focadas que se torna sua vida. Todas suas ideias embasam-se no orgulho mental (acredita que suas ideias é que são as certas e melhores para todos).

À medida que sua consciência vem à tona, surge coragem de abandonar antigos métodos de viver a vida, formas arcaicas de pensamentos onde foi educado a viver nelas. Surge a força de ação para conseguir investir em seu autoconhecimento de forma intensa e rápida. É nessa vida que esta consciência deixa de agir como fazia no passado, modificando seus ideais e sonhos.

Sua consciência trava uma luta de liberdade de pensamento, de ação e tem características de rebeldia para com tudo o que é limitante e antiquado, dogmático, com as formas antigas de ser e pensar. Obviamente, a pessoa possui um espírito de rebeldia que tinge todas as ações dos sete planetas sagrados em maior ou menor grau.

Desenvolverá coragem para enfrentar a vida e o desconhecido tanto para si quanto para quem estiver ao alcance de sua influência.

Entenderá o significado dos objetivos espirituais, dos projetos que os deuses traçam e terá a percepção do real sentido do feminino. Poderá viver situações extremas, mas durante esse processo conseguirá libertar seu Feminino (Yin) da frágil prisão masculina (Yang) em que se encontra.

Em equilíbrio, sua aparência não condiz com sua idade física, geralmente aparentará ser mais novo do que realmente é. Em alguns casos pode modificar totalmente sua aparência, pois existe a possibilidade de dominar as transformações genéticas que ocorrem em seu corpo. Tal nativo é capaz de recriar ou renascer constantemente, como nos casos em que a pessoa consegue milagrosamente reverter uma situação de doença extrema ou acidente terrível.

Devido sua estreita conecção com suas outras vidas, apresenta personalidades múltiplas (sendo mais fácil de verifica-las na infância) e terá que encontrar uma maneira de centrá-las, unificá-las, para não ficar desorientado e caótico.

Está abrindo caminhos (mentais, emocionais ou materiais) que não existiam antes para que tanto ele quanto os outros possam trilhar ou desenvolvê-los.

O posicionamento no signo de Áries carrega um pouco das características relatadas, principalmente na questão das múltiplas personalidades e perseguições.

Algumas personalidades que possuem Sedna na C-1:

**Fernando Henrique Cardoso**: sociólogo, cientista político, professor universitário, escritor e político brasileiro. Filho do militar general de brigada e deputado federal pelo Partido Trabalhista Brasileiro. Ameaçado de prisão pelo governo, decidiu auto exilar-se. Seu livro *"Dependência e desenvolvimento na América Latina: ensaio de interpretação sociológica"*, é considerado um marco nos estudos sobre a **teoria do desenvolvimento** e foi traduzido para dezesseis idiomas.

**Caetano Veloso:** cantor que construiu obra musical marcada pela releitura e renovação, considerada amplamente como possuidora de grande valor intelectual e poético. Foi preso pelo regime militar e exilado político. Tido como uma das personalidades mais polêmicas no Brasil, é considerado internacionalmente um dos melhores compositores do século XX. Sendo eleito pela revista *Rolling Stone* o 4º maior artista da música brasileira de todos os tempos pelo conjunto da obra, e pela mesma revista, o 8º maior cantor brasileiro de todos os tempos.

**Chico Anysio:** humorista, ator, radioator, produtor, locutor, roteirista, escritor, dublador, apresentador, compositor e pintor brasileiro, notório por seus inúmeros quadros e programas humorísticos. É considerado um dos mais geniais humoristas brasileiros.

**Judith Butler:** filósofa americana cujo trabalho influenciou a filosofia política, a ética e os campos da teoria feminista, queer e literária. Vista em vários países, como símbolo da destruição de papéis tradicionais de gênero para movimentos reacionários. Seu trabalho fala sobre uma possível falsa estabilidade da categoria mulher e propõe buscar um modo de interrogação da constituição do sujeito que não requeira uma identificação normativa com o sexo binário. Personalidade polêmica.

## SEDNA NA CASA 02

**Rejuvenescimento dos valores de subsistência física ou psíquica.**

Na lenda esta posição planetária está relacionada com o trecho onde Sedna demonstra sua fome e a busca para se unir com quem poderia nutrir e fornecer subsistência a ela.

Esse nativo anseia por novas leituras, novas ideias, novas formas de pensar, novas formas de diminuir as dores mais profundas da alma das pessoas e como não encontra isso pronto ao seu redor ao nascer, sente uma crescente fome desses valores que o levará no futuro a criar aquilo que deseja ter. É um semeador, pois plantará algo que não existe e que gerará a nutrição cultural e espiritual e até mesmo nutricional de muitos outros.

No começo de sua jornada, até chegar o momento que consiga libertar sua consciência, vive em desarmonia com sua força interior, Sua consciência não desperta sofre a dependência em querer ser alimentado (de obter valores que necessita), mas não encontra ao seu redor.

E quem poderia (ou deveria) alimentá-lo, o faz com valores que nunca satisfazem, pois não saciam o desejo de expansão e de união que há no íntimo de quem tem Sedna na Casa-2.

E assim, passa a sofrer desse tipo de fome, e nesse desequilíbrio, sofre grande destruição interior, criada por esta mesma capacidade de acumular e multiplicar, pois ao realizar isso de forma negativa, acumula entulhos mentais.

Há uma dificuldade entre nutrir os outros e se autonutrir. Pode acreditar que não tem capacidade de gerar novas possibilidades de sustento e ficar na posição passiva de receber mais do que agir para criá-las, principalmente no início de sua jornada. Muitas vezes, ao longo de sua caminhada, o nativo sofre a ação de valores destrutivos, e aqueles que deveriam supostamente protege-lo, garantir sua sobrevivência e integridade, no fundo geram mais instabilidade e insegurança.

Ao entrar no seu caminho evolutivo, a vida gera uma transformação onde após isso, essa consciência será capaz de abrir um novo rumo, permitindo a possibilidade da autosustentação, tanto para si como para outros.

O poder de renovação está nas mãos deste indivíduo. Essa posição mostra o quanto de energia espiritual pode ser plasmada. Em harmonia, ou quando a consciência está desperta, será capaz de renovar, criando possibilidades de sustento e estabilidade (em qualquer nível: mental, emocional, ou física).

É capaz de nutrir quando tem sua consciência desperta e equilibrada, porém é dependente até adquirir essa maturidade. Está semeando novas sementes que tratam do esforço pessoal envolvido no crescimento da consciência. São valores que ao redor dele não existem. Isso o faz se sentir muito diferente das outras pessoas. Pode sentir um certo peso pela responsabilidade de sustento de sua família ou de um grupo.

É o tipo de consciência que sente muita dor interna quando vê outras vidas desestruturadas a ponto de vivenciar a fome. Seja essa fome física, emocional, fome de conhecimentos, ou espiritual. Essa sensação não é indiferente.

Uma vez adquirida a capacidade de se autosustentar, ele será capaz de alimentar outras pessoas e não medirá esforços para isso, pois há um sentimento interno de abundância de que ele é capaz de promover a abundância onde quer que esteja.

Sedna nesta casa, em equilíbrio, manipula, cria e direciona a matéria formadora dos três corpos (mental, emocional e físico) construindo, renovando a constituição deles, gerando novas células com menores complicações genéticas que sua herança genética permite. Ou seja, manipula seus genes, renovando a matéria corporal que constitui a base existente e presente na história de seu clã. É capaz de retirar do ambiente, de seus corpos e dos grupos que participa, aquelas energias que criam embaraços para o desenvolvimento de valores equilibrados.

Essa consciência desperta não admite retorno as estruturas antigas e desejará criar bases sólidas em qualquer setor que aquela vida esteja direcionada.

A Natureza tem um papel importantíssimo para harmonia e nascimento equilibrado desta consciência. Lugares com cachoeiras, lugares amplos com bastante árvores, tem um efeito integrador e essa consciência desenvolve um conhecimento acerca dos assuntos relativos à Natureza, que permite o despertar e sua evolução. É por meio do uso destes conhecimentos que estimulará a força espiritual para atingir a multiplicação da matéria que deseja renovar.

Existe na natureza dessa consciência uma necessidade de reformar valores religiosos limitantes existentes de sua época. No início de sua jornada sentirá que o aspecto religioso deixou uma fome intensa em sua alma e com isso fará o possível para alimentar-se com valores bem superiores e ao se sentir saciado tratará de alimentar os outros com novas filosofias de vida que descobriu nessa caminhada.

Não é de ficar remoendo o passado (no sentido de que antes era melhor que o agora) e nem de seguir o fluxo do cardume em que vive, sempre seguirá seu próprio caminho.

Algumas personalidades que possuem Sedna na C-2:

**Leonard Boff:** teólogo, escritor, filósofo e professor universitário brasileiro. Simpatizante do socialismo, conhecido internacionalmente por sua defesa dos direitos dos pobres e excluídos, e envolvido nas questões ambientais. Sua produção literária e teológica é superior a 60 livros. A maioria de suas obras foram publicadas no exterior. Para ele, o cuidado é uma virtude que sem ela, nos desumanizamos.

**Cyndi Lauper:** conhecida por ser a lenda feminina do Rock'n'Roll, além de umas das maiores artistas de todos os tempos. Ativista dos direitos da população LGBT desde a década de 1980. Criou uma fundação chamada de True Colors, que promove aceitação para pessoas homossexuais e transgêneros.

**Bono Vox:** cantor, filantropo, compositor e empresário irlandês. Foi nomeado para o prêmio Nobel da Paz, agraciado com um título honorário de cavaleiro pela rainha Elizabeth II, e nomeado como "Personalidade do Ano" pela revista Time.

**Carl Gustav Jung** foi um psiquiatra e psicoterapeuta suíço que fundou a psicologia analítica. Propôs e desenvolveu os conceitos de personalidade extrovertida e introvertida, arquétipo e inconsciente coletivo.

**Sir Thomas Sean Connery**: ator e produtor escocês que ganhou um Oscar, dois BAFTA Awards e três Globos de Ouro. É um dos maiores apoiadores e colaboradores financeiros do Partido Nacional Escocês, que luta pela independência da Escócia, tanto, que metade do seu cachê do filme: 007 Os Diamantes São Eternos, foi doado ao partido para ajuda a crianças carentes da Escócia.

## SEDNA NA CASA 03
**Criação de novos conhecimentos e ideias.**

Na lenda esta posição planetária está relacionada com os trechos quando Sedna argumenta sobre novas possibilidades, quando é mediadora, quando é veloz, rápida e quando incita o ataque a Anguta.

Esta posição permite que a pessoa trabalhe com as ideias existentes sob uma nova ótica. E na maioria das vezes estará criando novas possibilidades de ver esta ou aquela ideia de um modo mais profundo permitindo novas opções e expansões mentais. Cedo aprende a brincar com as palavras, gera neologismos e sabe muito bem o poder que elas tem.

Deseja possuir um círculo de relações que debata ideias e possa gerar amplas possibilidades de analisar a vida e fatos (mas para isso necessitará criá-lo). Porém corre o risco de não conseguir pôr a mão na massa, ou de ser uma pessoa com grandes e brilhantes ideias, mas sem consistência prática, teórica. E esse é o lado difícil desta posição, pois Sedna precisa organizar a mente para que possa gerar novas perspectivas. Sua força sexual estará na mente. Isto implica que o indivíduo terá sua mente muito dinamizada. Em função disso, no sexo, os orgasmos serão principalmente de natureza mental que física. Em alguns indivíduos isso quer dizer que o sexo não será fundamental.

É uma pessoa que conseguirá aglutinar diversas facções opostas, verá todo o intrincado mundo das relações e criará fatos novos (por meio das ideias ou da comunicação). Sua expressão, através das palavras e dos escritos, reflete claro como está seu espírito. Seus distúrbios mentais geram intensa fome física, mas não consegue engordar.

Sua capacidade de renovar pode passar pelo crivo da razão, tende a ser uma pessoa bem generosa em um instante e muito esquiva em outro. No entanto, estará trocando ideias a todo instante, semeando ideias nos campos da mente, criando novas formas de pensar.

Deseja criar grupos para trocar ideias e ensinar matérias. Sua forma de ensinar, de aprender e sua evolução vêm por meio do debate e da troca de conhecimentos, portanto seu espírito cresce quando adquire ou permite o entendimento entre os mais variados tipos de pessoas enquanto alinhava fatos aparentemente contraditórios ou opostos.

Envolve-se na criação de editoras, estudos, debates, cursos, livros ou conhecimentos inspirados, pois um dos seus objetivos é aprender a aglutinar conhecimentos e ideias para a sociedade em que vive.

Utilizará qualidades como destreza, vivacidade, velocidade, inquietude, rumores, memória e linguagem. Tudo para sintetizar e formar impressões sensíveis que gerarão novas ideias e formarão novos conceitos educacionais.

Esta Consciência facilmente penetra nas consciências que tenham Sedna na Casa 6 e estas, sentem grande admiração por aquelas.

O caos pode se instalar sempre que as diversas filosofias de vida, grupos de estudos filosóficos, religiosos, metafísicos e outros, plantarem falta de disciplina mental. Portanto, deve se precaver contra a força caótica que sua mente possa criar em sua vida, contra o enorme orgulho que o levará a agir como se os outros não fossem nada diante de si e contra uma grande instabilidade que toma conta de toda sua vida, volta e meia.

Algumas personalidades que possuem Sedna na C-3:

**Chico Xavier:** médium escritor, psicografou mais de 450 livros, tendo vendido mais de 50 milhões de exemplares e sendo o escritor brasileiro de maior sucesso comercial da história. Cedeu todos os direitos autorais dos livros, em cartório, para instituições de caridade.

**Jiddu Krishnamurti:** filósofo, escritor, orador e educador indiano. Proferiu discursos que envolveram temas como revolução psicológica, meditação, conhecimento, liberdade, relações humanas, a natureza da mente, a origem do pensamento e a realização de mudanças positivas na sociedade global. Ressaltou a necessidade da prática correta da meditação ao homem liberto de toda e qualquer forma de autoridade psicológica.

**Ayrton Senna:** piloto brasileiro de Fórmula 1, dedicava-se a tudo que apresentasse algum nível de velocidade. Administrava diversas marcas e empreendimentos, e patrocinava vários programas de assistência filantrópica, principalmente os ligados a crianças carentes. A única condição para isso era o total sigilo. Criou a estrutura de uma organização dedicada às crianças pobres brasileiras, que mais tarde se tornou o Instituto Ayrton Senna.

**Laerte Coutinho:** cartunista e chargista brasileira, cofundadora de uma instituição voltada a pessoas com essa nuance de gênero, a ABRAT – Associação Brasileira de Transgêneras.

**Barack Obama:** advogado, político, ex-presidente dos EUA, promoveu discussões que levaram ao Acordo de Paris de 2015 sobre mudanças climáticas globais, firmou um acordo nuclear com o Irã, e iniciou o processo de normalização das relações entre Cuba e EUA. É referido como um orador excepcional.

## SEDNA NA CASA 04
**Renovação do passado. Recriando o Ego.**

Esta posição planetária, na lenda, está relacionada com a fase da infância de Sedna e a busca para compor uma família e sua estabilidade material.

Tal localização no mapa astrológico é um pouco difícil para o despertar da consciência que Sedna provoca, no entanto, esta consegue resgatar suas ferramentas para esse despertar, dentro do histórico pessoal de todas as vidas relacionadas ao ciclo de 11.400 anos.

O que se passa aqui é que esta consciência estará encerrando um ciclo e começando um outro. Ou seja, muitas experiências vão ser somadas para que a meta do despertar e da força da amorosidade e da estabilidade surjam pra permanecerem definitivamente.

Seu maior segredo estará apoiado no passado (destas ou de outras vidas). Deverá ter percepção que sua consciência precisa enfrentar estes resquícios de desequilíbrios a serem solucionados antes de encerrar este ciclo. O despertar de sua consciência forçará a lidar com essas forças do passado (que podem estar representadas simbolicamente como os pais, seus relacionamentos).

Sendo assim, essa consciência expande sua força sempre que sua capacidade para inovar os padrões familiares e a situação familiar é liberada. Sempre que consiga renovar e ampliar o entendimento do que seria família, através de novos valores morais, éticos e mesmo materiais.

As experiências mais intensas estarão relacionadas com sua família, com a busca da formação de um lar, com o desejo de gerar no seu lugar de nascimento uma grande estabilidade afetiva, material e amorosa.

Para a realização do despertar dessa consciência, é preciso enfrentar suas maiores dores, que virão da sua (des)estrutura familiar (disputas familiares, pais ausentes, falta de amor filial, dificuldades em criar seu próprio espaço financeiramente falando, escassez econômica, etc.) e do confronto com padrões estabelecidos e antiquados que definem os relacionamentos.

A preocupação acerca de **como**, **para onde** se encaminhará o futuro de suas criações (segurança psíquica, segurança de sua família, como desenvolver novos hábitos partindo das ferramentas familiares que possui, etc.) tende a gerar uma prisão emocional que apertará o que for preciso para libertar sua força de persistência e amorosidade.

É dessa luta que extrairá seu maior poder de atuação na vida: uma força de persistência (ou de afetividade), podendo se tornar uma fonte de inspiração para diversas consciências.

Enquanto percorre o caminho de seu despertar e portanto ainda não estando em harmonia com as metas de Sedna, este indivíduo corre riscos de sofrer distúrbios alimentares, instabilidade emocional intensa (pois precisa desenvolver sua força interior). A busca pela posição social ou material (principalmente financeira) pode criar impedimentos à sua capacidade de se doar e nutrir os outros.

Seu lugar de nascimento tem um poder simbólico muito grande sobre essa consciência. Um dos seus defeitos é ser "bairrista". O acesso às memórias de outras vidas sempre relacionadas ao seu grupo familiar está facilitado.

Junto com esse despertar, uma persistência inabalável favorece o acordar de outras consciências, ao combinar seu aspecto de fecundidade e criatividade múltipla com a somatória de suas experiências, afetando tanto seu passado quanto seu futuro.

Algumas destas consciências provêm o sustento de todo o seu clã com sua segurança emocional e sua certeza acerca do futuro. Gerará no meio familiar uma força que o fará ser capaz de criar condições de sobrevivência, estabilidade e perpetuação de sua espécie. Obviamente essas qualidades fluem melhor quando ocorrem em equilíbrio.

Ao manipular seu passado (hábitos, insegurança emocional, segredos de família, fraquezas corporais), ele começa a compreender e a organizar sua filosofia de vida, sua espiritualidade. No início de sua vida, segue conforme o estilo da família que tem, mas traz um desejo de integração que, no momento certo, o fará tomar atitude e ir buscar por estabilidade, mudando seu comportamento e o de sua família, a partir daí, ela começará um novo ciclo, provocado pelo nativo.

Há um sentimento forte de viver por meio do passado. Esse tipo pode vir a ser um excelente historiador que inesperadamente descobre fatos ocultos, mudando assim, o futuro de suas pesquisas. Um dos pais pode ser um aspecto de forte admiração ou repulsão.

Sua maior dificuldade será a rigidez e a frieza que caracterizam suas atitudes. Deverá aprender a aceitar as situações com maleabilidade, paciência e afetuosidade, a desenvolver coragem de seguir em frente mesmo sem saber onde vai chegar a estrada que tomou. Muitas vezes a vida profissional se torna um desafio que pode gerar um risco muito alto para sua estabilidade. Alguns conseguem enfrentar esse desafio, ao trazer para os familiares um novo trabalho a ser realizado dentro do lar.

Relacionamentos que vem do passado (ou que morreram) formam a sua base de auto-identificação.

Se a família tem um tipo de profissão específica, este indivíduo poderá fazer com que se modifique aquele padrão profissional da família, passando a existir um novo tipo de trabalho (por exemplo, se a família deste nativo é tradicionalmente de médicos, este tipo poderá fugir a essa situação e no final gerar possibilidades para que seus familiares trabalhem em outros ramos de atividade).

Com relação à Consciência, esta posição é um tanto quanto delicada, pois o nativo tanto pode estar iniciando um novo caminho (harmônico ou não), pois trava uma batalha para não estacionar em sua jornada evolutiva.

Isto ocorre porque o Espírito está a todo instante concretizando o Ego: o sonho visionário precisa de uma parte prática. A meta deste tipo é a mudança de meios dentro da disposição herdada. Trabalha a reputação em todos os sentidos.

Condições de extremismo, de fanatismo e suas diversas consequências devem ser enfrentadas e diminuído os excessos, pois trabalhará constantemente com o equilíbrio para atingir um bom grau de integração entre o espírito e os três corpos: mental, emocional e físico.

Algumas personalidades que possuem Sedna na C-4:

**Maitê Proença:** atriz, apresentadora, escritora e youtuber brasileira. Na infância fortes desestruturas familiares abalaram sua formação pessoal que gerou sua fortaleza interior.

**Sylvester Stallone:** ator, roteirista e diretor americano. Seus pais se separaram na infância. Superou fortes dificuldades financeiras. Depois de sua performance em Rocky, foi afirmado que Stallone poderia se tornar o próximo Marlon Brando.

**Marlon Brando:** ator de cinema e teatro e diretor norte-americano considerado um dos maiores e mais influentes atores de todos os tempos. Ativista, apoiou causas como, os direitos civis dos negros nos Estados Unidos e diversos movimentos em defesa dos índios norte-americanos. Seus pais se separaram na infância, mãe viciada e ausente. Marlon Brando teve uma vida familiar tumultuada, teve diversos filhos. Passou seus últimos anos de vida, sozinho e endividado.

**Princess of Wales, Diana**: aristocrata e filantropa. Ícone da moda, ideal de beleza e elegância feminina, admirada por seu trabalho de caridade, em especial por seu envolvimento no combate à AIDS e na campanha internacional contra as minas terrestres. Seus pais tiveram um casamento tumultuado, com discussões frequentes se separando quando tinha sete anos de idade. Ela tinha o dom de alcançar pessoas, especialmente crianças e doentes e moribundos, com uma genuína empatia por aqueles que sofriam.

## SEDNA NA CASA 05

**Renovar processos criativos. Gerenciar instabilidades para trazer alegria.**

Essa é uma posição que mostra que a força espiritual está direcionada para a criatividade, para ampliação da alegria como fonte de liberdade da consciência, para filhos e para os prazeres. Sua missão é gerar alegria e trazer prazeres para a vida do grupo à qual pertence.

A palavra causalidade tem um significado forte em sua vida (não confundir com casualidade). Existem certos impulsos com os quais lutam toda a vida na busca de um equilíbrio.

Essa Consciência tem facilidade em criar mudanças ou influenciar diversas transformações na sociedade, utilizando os meios que envolvem atividades desportistas, de entretenimento, diversões artes em geral, fotografias sociabilidade, manifestações culturais e artísticas.

Usará estes meios pra trazer a percepção das realidades, novos entendimentos, a alegria de estar vivo e a ideia de que a verdadeira felicidade vem da consciência de unidade.

Quanto mais emocionais as pessoas estão, maior é a necessidade de se ter canais de expressão construtivos, canais que possam fluir todas as emoções contidas.

Esta consciência enquanto busca sua projeção e expansão

espelhará suas necessidades de amor e afetividades, sendo que sua energia sexual será direcionada para trazer sua expressão afetiva, sentimental em esportes, jogos, crianças, música e artes em geral.

Através de suas formas de auto-expressão, em teatros e dramatização da vida cotidiana, das brincadeiras e dos hobbies, dos casos amorosos, das brincadeiras e diversões que fazem parte de cada indivíduo da sociedade em que vive. Fazendo isso ele libera um modo de trazer a consciência ao meio ambiente.

Este dinamismo permitirá as pessoas brincarem com a sua criatividade de modo a alcançar os limites da individualidade. Esta consciência ao ser desperta gosta de fazer o papel de pai orientador para a criança interior que existe em cada um de nós.

Também criam a capacidade de fazer com que o dinheiro gere mais dinheiro, sem ter que aumentar o trabalho exaustivamente para se obter melhor renda financeira.

Podem ser responsáveis pelo aumento das aplicações em bolsas financeiras e dos trabalhos que reflitam a verdadeira vocação do indivíduo, não porque eles influenciariam trabalhando diretamente nestes locais, mas de forma indireta, mostram a alegria que existe em ser o que se é. E isto acaba afetando aqueles setores.

Por meio deste indivíduo a sociedade pode mais facilmente expressar suas emoções, já que eles acabam representando a emoção de um povo, a felicidade ou o pesar de uma classe social (elite). A responsabilidade de trazer alegrias e consciência da situação de uma sociedade, do nível que seu povo se encontra é principalmente deste indivíduo. Ao fazer isso essa consciência se sente mais inteira, mais justa e íntegra e sua alegria contagia seu meio.

Algumas personalidades que possuem Sedna na C-5:

**Bob Marley**: cantor, guitarrista e compositor jamaicano, famoso por popularizar o gênero de música reggae. Sua música foi influenciada por questões sociais e políticas de sua terra natal, e influenciou ao ser considerado a voz do povo negro, pobre e oprimido da Jamaica e da África. Sofreu atentado dentro de sua casa enquanto ensaiava. Miraculosamente, ninguém foi morto no ataque noturno.

**Fernando Pessoa:** poeta, escritor, crítico literário, tradutor, editor e filósofo português, descrito como uma das figuras literárias mais importantes do século XX e um dos maiores poetas da língua portuguesa. Dedicou sua vida a criação e que, de tanto criar, criou outras vidas, aproximadamente 75 personagens que ele não chamava de pseudônimos, porque sentia que não capturavam sua verdadeira vida intelectual independente, chamando-os de **heterônimos**. Essas figuras imaginárias às vezes tinham visões impopulares ou extremas.

**Dean Karnazes**, Atleta americano que estabeleceu recordes para corridas de longa distância e autor do livro "O Ultramaratonista". Correu 560 km em 80 horas e 44 minutos sem dormir, em 2005. Correu uma maratona no Polo Sul em temperaturas de -25 ° C sem botas de neve, em 2002. Foi motivo de pesquisa pela ciência. Participou de 50 maratonas em 50 estados em 50 dias consecutivos.

**Gisele Bündchen**: supermodelo, filantropa, ativista ambiental e empresária brasileira. Apoia muitas instituições de caridade como Save the Children, Cruz Vermelha e Médicos Sem Fronteiras, além de dedicar tempo às causas ambientais. Ela é a Embaixadora da Boa Vontade do Programa das Nações Unidas para o Meio Ambiente.

**Brad Pitt:** ator e produtor de cinema americano, recebeu vários prêmios, incluindo dois Golden Globe Awards e um Oscar por sua atuação, e um Primetime Emmy Award como produtor. É citado como uma das pessoas mais influentes e poderosas da indústria de entretenimento americana. Por vários anos, foi citado como o homem mais atraente do mundo por vários meios de comunicação, e sua vida pessoal é objeto de ampla publicidade e influencia na sociedade.

## SEDNA NA CASA 06

**Renovar processos mentais. Ultrapassar limites da própria mente.**

Esta posição planetária, na lenda, está relacionada praticamente com o resumo de toda a história.

A busca pela harmonia de uma vida bem vivida, alinhada com a perfeição desenvolvida de suas potencialidades, e de forma saudável é o que esta consciência busca e tenta implantar na sociedade. Assim como a busca por novos paradigmas que tragam beleza, saúde e bem-estar.

Sedna nesta localização provoca mudanças na forma de pensar, no trabalho e nos hábitos de saúde, tanto do indivíduo como da sociedade em que ele atua.

Lutará fortemente para evitar ser uma pessoa dependente ou dominada pelas outras. Seu caos particular está relacionado, em boa parte das vezes, com o precisar ser carregado por alguém. O despertar dessa consciência traz junto consigo o receio de que as decisões fortes que precisam ser tomadas acabem sendo vistas como algo fruto de seu fracasso interior ou desastrosas.

Esta Consciência (mesmo sem perceber) mostrará seu trabalho aos outros como símbolo da própria batalha do espírito para dominar a pujança que o caos tem sobre o mundo material. Sua capacidade de atuação e remodelação da Matéria é muito forte.

Esta é a casa relacionada a Sedna, já que a considero regente de Virgem. Portanto, é aqui que a força de Sedna é sentida mais intensamente.

Essa Consciência força a abertura mental da sociedade para que a sanidade mental seja estabelecida, proporcionando possibilidades de equilíbrio mental, emocional e espiritual. Isso porque será favorecida a organização e limpeza das ideias e das emoções, e consequente eliminação de ideias que desestruturam.

Possui capacidade de gerar oportunidades de trabalho tanto para si como para os outros.

Em seu caminho pode até passar despercebido, pois sutilmente vai criando estabilidade em seu grupo (família, amigos, ou grupo que pertença), em torno daquilo que for determinado como sua meta. Permitirá a renovação das ideias, levando pessoas a pensarem, refletirem, favorecendo a união e a fortaleza de seu grupo social em torno dos objetivos grupais. Consegue perceber quais os indivíduos (dentro de seu grupo) que não estão afinados com as metas de um trabalho, pois é um excelente organizador.

Algumas de suas metas seria aprender a dominar a desorganização mental, descobrir mistérios e segredos da mente ou quais os recursos e possibilidades que o cérebro humano pode desenvolver e atingir.

Sua força se esvai quando sua autoconfiança fica em baixa, pois por ser crítico em tudo o que realiza, pode se perder em uma imensidão de possibilidades perdendo o foco, a objetividade.

Este tipo consegue aparar as arestas ou no mínimo percebe os excessos de idealismos e as ações contraproducentes que as consciências de Sedna na Casa 11 criam. Ou seja, consegue minimizar os efeitos da grande dualidade, do orgulho, dos idealismos sem praticidade e classificar um modo de gerar uma melhor economia no grupo a qual pertença.

Sendo assim, para libertar a Consciência dos ciclos é recomendável que seja trabalhado o equilíbrio e harmonização da Casa 6, ou da casa que Virgem se encontra no mapa, observando a regência e suas relações. Verificar os fatores que limitam a expressão de Sedna e tentar equilibrar as dificuldades desta casa.

Algumas personalidades que possuem Sedna na C-06:

**Carlos Drummond de Andrade:** poeta, contista e cronista brasileiro, considerado por muitos o mais influente poeta brasileiro do século XX. Teve uma existência aparentemente modesta e avessa aos holofotes enquanto burilava uma obra vasta e rigorosa. A obra de Drummond alcança (assim como Fernando Pessoa), um coeficiente de solidão, que o desprende do próprio solo da história, levando o leitor a uma atitude livre de referências, ou de marcas ideológicas, ou prospectivas. Sua obra marcou todas as gerações posteriores da literatura produzida no Brasil.

**Joseph Campbell**: mitologista, escritor, conferencista e professor universitário norte-americano, famoso por seus estudos de mitologia e religião comparada. Seu trabalho foi considerado de grande importância em campos como a psiquiatria. Seus livros são leituras obrigatórias para antropólogos e terapeutas.

**Adolf Hitler:** militar, político e ditador alemão, líder do Partido Nazista, buscava criar raça que seria saudável e perfeita.

## SEDNA NA CASA 07

**Poder de planejar e reestruturar a sociedade. Poder de unir ou separar.**

Esse tipo, em equilíbrio ou não, gerencia a formação de novos grupos na sociedade. Projetando nestes, todas as suas divisões internas, de forma que a diversidade existente no grupo reflita sua própria personalidade.

Esta posição gerará uma nova forma de sociedade (seja comercial ou conjugal), diferente da que aprendeu em sua família ou grupo social a que pertence. Não raro se envolverá sexualmente ou afetivamente com os participantes do grupo que criar. Este tipo trabalha com a união (ou desintegração) da consciência social, portanto, provocará circunstâncias e eventos que afetam a evolução social daquele grupo em que ele atue. A individualidade (espírito) quer se conhecer e agir através das uniões, convivências, comunidades ou sociedades que organiza em torno de um objetivo.

Quando equilibrado, a somatórias de suas experiências o torna capaz de harmonizar a vida dos outros e da sociedade em que vive, de forma espetacular e suave. Aglutina ao redor, pessoas e experiências contrárias, conseguindo unir essas diferenças. Tem facilidade para gerar a compreensão de como conduzir uma sociedade, e como criar um grupo de pessoas em torno de um objetivo.

A dificuldade dessa posição vem do fato da pessoa não saber ao certo que rumo deve ter na vida, ou como gerar um grupo sem deixar de ser ele mesmo, pois quando começa projetar-se socialmente, pode ficar desejando o aplauso constante deste grupo criado para si.

Problemas acontecem quando esquece e tenta reter para si as realizações que são **dos** outros e **para** os outros, que pode até ter ajudado a criar. Ao criar situações opostas ao redor de si, terá que unificá-las, ajustando assim, seu espírito e tornando-o harmônico.

Este indivíduo não aparenta a idade que tem, embora esta característica seja da atuação de Sedna (quando brilha) em qualquer casa no mapa, no entanto, é provável que nas posições C-1, C-2, C-7 e C-8 haja mais facilidade de se manter jovem na aparência.

No início da expressão de seu espírito, o nativo tende a ser muito voltado para suas realizações, tentando reunir sua vida em um bloco único e abrir novos caminhos. Essa é a fase caótica. Chega um momento que nada avança e percebe que a estrada a ser aberta é a de equilibrar e harmonizar os opostos. É nessa atitude que ele se encontra e seu rumo aparece.

Isso não quer dizer que quem tenha essa posição no mapa seja uma pessoa evoluída. Há que considerar suas obras. Ensinar os outros a encontrar seu rumo, ajudar a unir os conflitos internos alheios, tornando-os mais equilibrados, então esse indivíduo possui um Sedna em equilíbrio. A mesma pessoa com Sedna na C-7 em desequilíbrio pode levar os outros à loucura, à ruptura mental, e à quebra da estrutura interna do Espírito, pois os fará seguirem por caminhos que não serão os seus próprios, trazendo desestrutura. Pode provocar a perda da coragem de viver.

Algumas personalidades que possuem Sedna na C-7:

**Silvio Santos:** apresentador de televisão e empresário brasileiro. Polêmico com a sociedade, possui mais de 60 anos de carreira. É proprietário do conglomerado Grupo Silvio

Santos, que, além do SBT, inclui empresas como a Liderança Capitalização (administradora da loteria Tele Sena), a Jequiti Cosméticos e a TV Alphaville. É a única celebridade brasileira na lista de bilionários da revista Forbes.

**Thomaz Green Morton**: sensitivo brasileiro que se tornou célebre na década de 1980 e que pretensamente seria capaz de entortar talheres e fazer perfume brotar das mãos, poderes esses que teria desenvolvido aos 12 anos, depois de ser atingido por um raio enquanto pescava.

**Tony Robbins**: estrategista, escritor e palestrante motivacional estadounidense. É um dos responsáveis pela popularização da Programação Neurolinguística. Várias personalidades internacionais receberam seu treinamento incluindo ex-presidentes do EUA. Ele é o estrategista número 1 em vida e negócios do país. Considerado um dos "seis principais líderes de negócios do mundo" pelo American Express.

## SEDNA NA CASA 08

**Renovar a matéria ou remover limites. Controlar toda a imaturidade.**

O poder de ultrapassar os limites que a vida e seu corpo impõem será testado todo o tempo. Está em andamento um difícil nascimento da consciência Crística, com lutas e provas, mas não impossível. Marca a renovação da força espiritual que atua no físico e a forte prisão que os corpos impõem sobre a ação do espírito. Sua missão é vencer essa batalha.

Enquanto a consciência não acorda, há recusa em amadurecer, não pensa em regeneração de seus valores, ou em remoção de barreiras internas. Quer se manter no mesmo padrão, sem renová-lo. É um conservador. Sua fome de viver acaba se tornando intensa por isso. Nessa desarmonia, há tendência a criar situações que serão prejudiciais, pelo medo de renovar, de mudar interiormente e por isso, suas criações mentais e emocionais tendem a ser, na maioria das vezes, problemáticas.

Pode ser complicado trazer da Consciência a disposição

para renovar seu meio ambiente. A manipulação genética (de seu próprio corpo) é complicada e tende a criar células defeituosas ou permitir a manifestação de doenças genéticas.

Nessa posição, há um déficit de atenção e uma dificuldade natural para ciências exatas, matemática, física, etc., embora tenha uma forte inteligência. Existe um forte desejo de ficar dentro de si, pois seu mundo interior é muito mais rico, mas será jogado constantemente para fora dele.

Chegará o momento em que cansado das limitações que seu forte orgulho, ambição ou desejo de poder que o mantém de mãos e pés amarrados, buscará seu poder de ultrapassar limites e renovará de forma surpreendentes fatos e características que o manteria amarrado para sempre. E é aqui, que o poder de Sedna saltará de forma muito acentuado.

Sua capacidade de aceitação das situações e das pessoas estará sendo a todo instante colocada à prova. No entanto, ao promover as mudanças que necessita realizar, criará, a cada transformação concretizada, a libertação de sua prisão.

Essa posição astrológica permite a liberação de uma dose de vitalidade e um poder de regeneração celular intensa, podendo manter-se jovial, superando seus limites físicos. Ao sentir medo, em vez de paralisar ou fugir, o enfrentará, como se não o possuísse e por isso, a consciência será libertada de sua prisão.

Assuntos como sexo, dinheiro e manipulação dos outros não passam despercebidos por estas consciências que percebem claramente o que se passa ao redor destes temas. E pode ser que usem esses assuntos para atingir seus propósitos.

O sexo para essa consciência tem um papel importantíssimo de reforma, de despertar a maturidade e de utilização energética. Tem um trabalho interno de mudar sua consciência que levará a mudança da consciência dos outros ao redor. Será comum este nativo lidar com acontecimentos secretos, bizarros e ocultos que existem em um grupo. Lidará com o sexo em todas suas nuances, e pode ser que acabe influenciando a taxa de natalidade ou mortalidade dos diferentes grupos sociais em que venha a atuar.

Seu poder de transformação é igualmente elevado, nada fica do mesmo jeito após sua atuação, seja no trabalho, na família, na sociedade ou grupo que atue. É capaz e fará mudanças em todos os valores rígidos nestes setores.

A possibilidade da cura do espírito está sendo desenvolvida. Durante diversas vidas essa pessoa permaneceu rígida e não quis desenvolver novas formas de ser. Um forte e complexo orgulho está por detrás desse comportamento, bloqueando a força de atuação espiritual.

Sedna na C-8 possibilita a libertação dessa crosta energética gerada por tanto tempo e que criou problemas diversos aos corpos físico, emocional e mental. O poder de regeneração é tão intenso que uma vez terminada esta vida, o indivíduo poderá ter se libertado de muito daquilo que impediria sua evolução. É um esforço muito grande, mas estará sempre se superando e recriando sua vida e a si mesmo, sempre transmitindo essa força para os outros.

O feminino (Yin) controlador, que pressiona, estressante, que não permite mudanças é o dono da situação de sua vida, até o momento que começa o processo de libertação do masculino (Yang). Isso pode ter como reflexo na vida dessa consciência uma mãe ou esposa com tais características.

Algumas personalidades que possuem Sedna na C-8:

**Jô Soares:** humorista, apresentador de televisão, escritor, dramaturgo, diretor teatral, ator e músico brasileiro. Fala cinco idiomas: português, inglês, francês, italiano e espanhol, além de bons conhecimentos de alemão. Seu trabalho é considerado uma contribuição indescritível para a cultura, arte, classe, para o povo e um patrimônio extremamente valioso do nosso país.

**Keanu Reeves**: ator, cineasta, escritor, produtor cinematográfico e músico canadense, nascido no Líbano. Conhecido por agir sempre fora dos padrões, seguindo seu coração. Uma vez levou mendigos de rua para jantar junto. Conhecido por sua humildade, passou por muitas dificuldades na vida e sempre se reinventou e conforme sua carreira decolava, parecia que as tragédias surgiam na mesma proporção. Seu carisma e estilo de vida são tão contagiantes que foi criada a religião: o Keanuísmo, possuindo milhares de adeptos. Há até mesmo boatos de que ele seria imortal.

**Edgar Evans Cayce**: paranormal norte-americano que teria canalizado respostas para questões que tratam sobre espiritualidade, imortalidade, reencarnação, saúde, entre outras. Considerado um dos maiores clarividentes da História. Era chamado pela mídia norte-americana como "O Profeta Adormecido", porque predizia eventos futuros e prescrevia medicamentos com os olhos fechados, relaxado sobre um divã e ao lado de uma taquígrafa realizando as anotações, em um suposto estado de "transe".

**Leonardo Dicaprio:** ator, produtor e filantropo norte-americano, defensor dedicado do meio ambiente, elogiado por vários grupos ambientalistas e instituições pelo seu trabalho, incluindo a ONU que o nomeou seu representante das alterações climáticas. Criou sua própria fundação de defesa do meio ambiente.

## SEDNA NA CASA 09
**Renovação da filosofia de vida.**

O poder de ultrapassar seus limites, de multiplicar tanto as criações mentais (miasmas ou não) e formas emocionais, como as alterações genéticas necessitarão de um direcionamento ou objetividade. E isso pode ocorrer em função da renovação espiritual ou de sua filosofia de vida.

Extremamente capaz de renovar a alegria e os ânimos dos outros em um ambiente, poderá ficar por demais nervoso se não consegue atingir uma meta. Tem o toque de Midas, pois promove o progresso de tudo aquilo que toca. Em desarmonia, leva a ruína.

O interessante é que Sedna nesta posição desejará iniciar um novo rumo para o espírito. Mas para isso ele deverá criar uma nova filosofia de vida, pois ela não estará à sua disposição. Essa filosofia de vida pode ser um novo jeito de pensar, de viver, de sentir ou perceber. Uma vez criada, seguirá por seu novo destino.

Esta posição mostra que a individualidade quer vencer os limites impostos pela mente concreta e rígida. É um visionário e sonha poder estar além das limitações. Sua meta é sempre cruzar fronteiras, desenvolver a cultura, buscar a amplidão, o vasto, o ilimitado tanto no sentido geográfico quanto mental.

Tem uma certa dificuldade para desenvolver a perspectiva filosófica da vida equilibrada: nem tanto ao mar, nem tanto ao ar. O desenvolvimento do raciocínio metafísico, o combate aos excessos e ao orgulho das verdades (a minha verdade é a que vale) serão as metas de sua missão.

Não é uma posição simples, pois a evolução espiritual dependerá da direção que tomar na vida e ela tem dificuldade de pegar um caminho e seguir com regularidade. Estar sempre começando é muito mais fácil do que criar a manutenção do que começou... Terá que superar isso.

Seu progresso material estará estreitamente ligado ao nível de maturidade espiritual adquirida. Portanto o autoconhecimento é uma ferramenta indispensável aqui. À medida que evolui, faz a evolução dos outros, da sociedade que participa. Quando a sociedade precisa ver novos fatos (bons ou ruins), libertar da rigidez então nascem mais destas Consciências.

É uma pessoa bastante criativa. Suas ideias filosóficas geram novas situações e mudanças. Novos rumos na sociedade que vive são tomados a partir de sua postura de vida. Alguns criam empresas permitindo o desenvolvimento de uma nova forma de ver as coisas, como um jornal ou revista desde que tenha uma linha de atuação diferente, inovadora e atual.

Sua filosofia de vida, sua espiritualidade, vem por meio das tentativas de atingir seu progresso material, ou vice-versa. Neste processo de acertar seu progresso permitirá a estabilidade material alheia.

Infelizmente da mesma forma que Sedna na C-8, este também tem dificuldade de lidar com o modo de trazer à luz o nascimento das criações mentais, emocionais e físicas (como as doenças de origem genéticas que traz de sua família). Porém enquanto na C-8 quer se manter conservador, em C-9 o nativo não consegue conservar o mínimo necessário para dar estabilidade à sua vida espiritual. Depois da grande transformação, isso passa a ser mais equilibrado. Corre o risco de passar a vida procurando por seus objetivos.

Ele cria condições de evoluir intensamente, de atingir grandes mudanças comparadas com os membros de sua família ou grupo. Por exemplo, alguém que começa como entregador de jornal e algum tempo depois, é dono de um, é um exemplo dessa força. Pode ter naturalmente muita dificuldade para estudar ou ampliar seus conhecimentos com a leitura. Estudar fornece um apoio, mas não é o forte desse tipo.

Seu progresso dependerá do quanto lida com as transformações genéticas que permite ocorrer em seu corpo. Geralmente desenvolverá as doenças típicas de sua família, e seu progresso consistirá em libertar seu feminino das amarras do masculino gerando assim, condições internas para reverter seu quadro de saúde mental Afinal sua mente precisa ser organizada para que o caos existente não interfira em suas ações. O medo de vir a ter um masculino fraco também pode ser um tipo de prisão, pois qualquer investida de seu feminino realçará o desejo de mantê-la cativa dentro de si.

Faltam objetivos espirituais claros e o indivíduo irá obtendo-os à medida que resolve seus problemas de saúde, de trabalho ou aquilo que impeça seu progresso. Esta evolução se inicia quando consegue lidar com sua energia sexual.

Sua mente naturalmente não é alimentada pelo Espírito e isso gera uma situação complicada onde sua expressão pessoa pode ficar limitada e as pessoas acreditam que esse indivíduo não seja inteligente, pois analisam a inteligência apenas pelo fator concreto, raciocínios concretos. Essa situação força o desenvolvimento de uma intuição intensa como ferramenta substituta.

Algumas personalidades que possuem Sedna na C-9:

**Xuxa Meneghel**: apresentadora, atriz, cantora, empresária, filantropa e ex-modelo brasileira. Construiu o maior império de entretenimento infanto-juvenil ibero-americano. Chegou a apresentar programas de televisão no Brasil, Argentina, Espanha e Estados Unidos simultaneamente, alcançando cerca de 100 milhões de telespectadores diariamente. Centenas de crianças até chegarem a fase adulta, acompanharam a vida da apresentadora e tiveram alguma influência dela.

**Ney Matogrosso**: cantor, compositor, dançarino, ator e diretor brasileiro. É considerado pela revista Rolling Stone como a terceira maior voz brasileira de todos os tempos. Segundo Violeta Weinschelbaum (escritora argentina): "o magnetismo de sua figura, a atração decididamente sexual que Ney Matogrosso produz sobre o palco é algo inimaginável". Seu trabalho sempre foi de vanguarda, pois a mesmice e mediocridade não combinam com seu espírito e serviu para alavancar algumas gerações para fora do *status quo* de sua geração.

**João de Deus:** suposto médium curador brasileiro, atuou principalmente na cidade de Abadiânia-GO, mas também em países como Alemanha, Estados Unidos, Grécia, Suíça, Áustria, Austrália e Nova Zelândia, dentre outros. Ganhou destaque após Oprah Winfrey participar de cerimônias promovidas por ele em 2012 e apresentá-lo em seus programas. Figura controversa, com pessoas relatando curas realizadas por seu trabalho e por outro lado, denúncias por abuso sexual de mais de trezentas mulheres que buscaram sua ajuda.

**Donald Trump:** empresário, milionário, personalidade televisiva e político americano, é o 45.º presidente dos Estados Unidos. Durante sua carreira, Trump construiu torres de escritório, hotéis, cassinos, campos de golfe e outras instalações com sua marca em todo o mundo. Muitas de suas declarações em entrevistas, no Twitter e em declarações de campanha foram polêmicas.

**Jair Messias Bolsonaro**: capitão reformado, político que

assumiu a presidência do Brasil. Documentos produzidos pelo Exército Brasileiro na década de 1980 mostram que os superiores de Bolsonaro o avaliaram como dono de uma "excessiva ambição em realizar-se financeira e economicamente". É considerado o candidato mais pró-americano no Brasil desde a década de 1980. John Bolton, assessor de segurança nacional dos Estados Unidos, elogiou Bolsonaro como um parceiro de "mentalidade semelhante".

## SEDNA NA CASA 10
**Renovar sociedades, estruturas de poder e paradigmas sociais.**

O poder talvez seja a palavra-chave para as respostas deste indivíduo. Há uma ambição profunda, oculta e intensa que na maioria das vezes esconde o desejo de atingir o poder. Tal ambição se mescla com seus ideais de como uma sociedade deveria ser estruturada. Essa consciência tratará de renovar e modificar o meio que ele estiver, segundo seus planos e para isso pode se utilizar de conhecimentos profundos e concretos como ciências exatas ou sua intuição.

Suas raízes, seu passado, o medo de perder sua estabilidade emocional e material, os hábitos, o lado mesquinho, orgulhoso e avarento são limites que deturpam ou desequilibram sua força, favorecendo criações negativas ou ações complicadas para a sociedade em que vive.

Este indivíduo tem o poder de fazer com que o grupo ao qual pertence adquira uma nova consciência. É um revolucionário no campo social tanto de forma positiva quanto negativa. Esta posição leva as bases que estrutura a sociedade a serem expostas e reformuladas.

Descobrirá sua força de ação na sociedade que será de forma diferente da que comumente é aplicada. Por exemplo, algumas profissões trazem uma marcada força de atuação na sociedade que se vive, como medicina, advocacia, engenharia, etc. Esta posição fará o nativo descobrir um rumo diferente, gerar um novo tipo de profissão ou criar uma profissão para sua vida, que não existia antes.

Estará aprendendo a usar a força de seu espírito para influenciar a matéria, a vida da sociedade. Em outras palavras, estará aprendendo a ser ousado e a querer. Isso pode deixar o indivíduo muito obstinado ou obcecado pelo poder. A política pode ser uma referência em sua vida, pois deverá aprender a ser diplomático no exercício do seu Querer.

Porém se o regente desta casa estiver de alguma forma relacionada com C-4, é possível que este indivíduo faça justamente o contrário, tenha um espírito sem expressão social, sem forças para atuar na sociedade que vive. Em alguns casos, desenvolve alguma doença que o torna dependente de alguém: marido, esposa, mãe, irmãos, etc.

Em nenhuma outra posição o espírito pode desenvolver tanto sua influência nos corpos materiais e espirituais, quanto nesta. Por outro lado, pode passar a vida inteira estacionada por medos infundados.

A entrada da energia espiritual na matéria (em termos de constelações) se dá através de Capricórnio, enquanto a saída ou a diminuição desta força se faz em Câncer.

Quando Sedna ingressar novamente em Capricórnio marcará o início de um novo ciclo onde os novos modelos alterados desde o surgimento de Sedna, serão usados neste novo período.

Enquanto na C-8 o nativo está aprendendo a manipular as forças espirituais mais densas (que formam seus corpos materiais) manipulando seus genes e mudando o rumo da história de sua família, aqui na C-10, seu objetivo é atuar com aquela força que age na estruturação das sociedades, em torno de seu ideal, segundo a somatória das experiências já vividas.

Tende a limitar ou cercear os tipos (ou suas obras) que possuem Sedna na C-3. Isso quer dizer que há que se cuidar para que não faça uma retrogradação das leis, dos estudos, da forma de pensar, de raciocinar concretamente, em uma comunidade.

Algumas personalidades que possuem Sedna na C-10:

**Albert Einstein** físico teórico alemão, posteriormente

radicado nos Estados Unidos, que desenvolveu a teoria da relatividade geral, um dos dois pilares da física moderna. Foi laureado com o Prêmio Nobel de Física de 1921, por sua descoberta da lei do efeito fotoelétrico, que foi fundamental no estabelecimento da teoria quântica. Publicou mais de 300 trabalhos científicos, juntamente com mais de 150 obras não científicas. Suas grandes conquistas intelectuais e originalidade fizeram da palavra "Einstein" sinônimo de gênio. Infelizmente, seus estudos sobre matéria e energia foram utilizados pelo governo americano para criação das bombas atômicas jogadas sobre Hiroshima e Nagasaki.

**Dalai Lama**: atualmente este é o 14º e atual Dalai Lama, líder espiritual do budismo tibetano. Durante a revolta tibetana de 1959, o Dalai-lama fugiu para a Índia, onde atualmente vive como refugiado. O 14º Dalai-lama recebeu o Prêmio Nobel da Paz em 1989. A revista Time nomeou-o como um dos "Filhos de Mahatma Gandhi" e seu herdeiro espiritual da não violência.

**Nicolas Maduro**: político que assumiu a presidência da Venezuela. Governo marcado pelo declínio socioeconômico venezuelano, com acentuado crescimento da pobreza, inflação, criminalidade e fome; seus críticos dizem que a crise que o país enfrentou na década de 2010 é resultado direto das políticas de Chávez e Maduro, e a oposição constantemente taxa o presidente de ditador.

**Srinivasa Ramanujan:** matemático indiano, que sem qualquer formação acadêmica, fez contribuições essenciais nas áreas da análise matemática, teoria dos números, séries infinitas, frações continuadas, entre outros ramos da matemática, incluindo problemas considerados insolúveis. Quase um século depois de sua morte, vêm sendo não só comprovadas como aplicadas no desenvolvimento de computadores, na economia e no estudo dos buracos negros.

## SEDNA NA CASA 11

**Surgimento de novos ideais, novos entendimentos de união grupal**

Quando em desarmonia, esse espírito estará disperso e tentará se organizar. Não sabe como, nem para onde, aplicar sua força de atuação em um primeiro momento, e atira para todos os lados. Gerando inicialmente uma personalidade dividida e temperamental, que conhece muita coisa, mas tem dificuldade de definir o que quer realizar ou construir, pois pode ou sente que pode concretizar qualquer coisa.

Sua inteligência enorme e rápida precisa ser direcionada para que não perca seus objetivos. Por isso precisa aprender agrupar forças do passado, focar em um objetivo no futuro e gerar forças que capacitam a sociedade ter sua própria individualidade.

Seu espírito está aprendendo a unir suas forças (adquirida através de sua família, seu clã, seus antepassados) para se projetar na vida material, até lá, pode provocar anarquismo, revolução social de costumes, caos social, etc. Essa projeção provoca o sentimento de liberdade e até mesmo a gerará.

Tende ser um tipo de pessoa que adquire suas posses na maior parte do tempo através de sua família (ao invés de adquirir por outros meios).

Pode não ter noção de como estabelecer um equilíbrio entre as forças que vem do espírito e como aplicá-la nos corpos físico, emocional e mental. Está conhecendo aprendendo a usar as forças do inconsciente (Alma).

Esse nativo é o verdadeiro político (não no sentido comum), sendo aquele que direciona suas ideias, suas bases familiares, suas raízes, em prol da sociedade, é muito idealista e tem uma capacidade inata de agrupar as pessoas em torno de uma ideia ou ideal.

Um dos objetivos dessa posição é trazer possibilidade de gerar o desenvolvimento da individualidade de várias pessoas ao mesmo tempo, de um grupo inteiro, muitas vezes isso ocorre através da desorganização social.

Como Sedna também pode ser o caos para quem não é consciente, essa posição pode trazer a formação de grupos de amigos baseados em valores outros que não sejam de afinidades espirituais. Por isso está entre seus objetivos, descobrir como se associar voluntariamente. Saber escolher suas amizades, seus projetos, seus sonhos e como isso irá influir em sua vida e na de seu grupo. Isso quer dizer que este tipo irá se unir (fisicamente ou não) a outros que pensam como ele gerando fatos e camaradagem, criando um forte idealismo que atinge a vida social da comunidade a qual pertença.

Sedna na C-11 traz a possibilidade de curar uma ferida intensa na Alma deste indivíduo (adquirida ao longo de seu ciclo de 11.400 anos), e essa possibilidade também pode ser ampliada para todos que estejam em seu campo de atuação.

Essa posição traz sentimentos de esperança que se estende além dos domínios de uma vida material. De forma sutil (quase oculta, mas muito intensa) está desenvolvendo a evolução sentimental, afetiva tanto sua quanto da sociedade.

Algumas personalidades que possuem Sedna na C-11:

**Bruce Springsteen**: influente cantor, compositor, violonista e guitarrista dos Estados Unidos. Em sua carreira, iniciada em 1969, já recebeu vários prêmios importantes, como vinte Grammys, quatro American Music Awards e um Oscar. Em suas letras, deixa evidenciado seu patriotismo, sendo um tipo de porta-voz dos trabalhadores, muitas vezes mencionados em suas canções. Bruce entrou em depressão, em 1982, causada pela decepção com a brutal queda do padrão de vida estadunidense.

**Paulo Coelho**: escritor, letrista e jornalista brasileiro. Ocupa a cadeira 21 da Academia Brasileira de Letras. Sua obra O Alquimista é o livro brasileiro mais vendido em toda a história e um dos mais vendidos no mundo superando livros como: O Senhor dos Anéis e O Pequeno Príncipe. Influenciou o rock brasileiro através de sua parceira com o músico Raul Seixas, participando da composição de sucessos como Sociedade Alternativa e Eu Nasci Há 10 Mil Anos Atrás.

**Tony Blair**: político britânico, que foi primeiro-ministro do Reino Unido de 1997 a 2007, e foi líder do Partido

Trabalhista de 1994 a 2007 e de membro do Parlamento Britânico de 1983 a 2007. Contribuiu para pôr fim a trinta anos de conflito na Irlanda do Norte, firmando após quase dois anos de negociações um acordo de paz. Este acordo contou com a colaboração do presidente dos Estados Unidos, Bill Clinton. Disse que a religião poderia "despertar a consciência do mundo" e a ajudar a alcançar os Objetivos do Milênio da ONU contra a pobreza e a fome, dentre outras causas nobres.

## SEDNA NA CASA 12

**O caos removendo barreiras espirituais. Afastando a "preguiça" espiritual.**

Simbolicamente este tipo está naquela fase em que Sedna segura fortemente o caiaque para não afundar nas águas geladas do oceano, mas acaba caindo e afundando.

Essa é outra posição delicada para Sedna, pois a força espiritual está dispersa, porém ampliada. Em algum momento essa força será reunida e focada em um ponto e isso provocará uma intensa mudança.

A meta dessa posição planetárias é reuni-la e aplicá-la de forma objetiva, mas enquanto isso não acontece, essa consciência trabalhará a cada instante para não ser tragado pelas forças caóticas de seus elementos indomáveis. Se houver experiência suficiente, conseguirá realizar grandes feitos, caso seja uma alma recente poderá ter um padrão comportamental bastante complicado.

Sedna provocará um mergulho intenso no oceano do Inconsciente e essa consciência terá que necessariamente desenvolver seu potencial e fazer o melhor uso possível dos talentos individuais que possuir.

Essa é uma excelente indicação quando se quer um pesquisador, seja em que área for pesquisar.

Lutará para realizar intensas transformações em sua espiritualidade e em aspectos determinantes de sua personalidade. Sua energia é muito mais mental que mesmo física, mas não é possível manter uma constância em qualquer uma das posturas mental, emocional e física, pois o caos, com o qual lida, pode a qualquer instante romper com sua mente ou em sua vida.

A diferença básica entre um planeta pessoal e Sedna nesta posição, é que enquanto aquele é uma parte da personalidade que estará limitada ou dispersa, este pode significar alto risco da perda dos objetivos espirituais, portanto toda uma vida corre o risco de ser tragada. E isso acarretará na desorganização dos objetivos de cada faceta existente na personalidade.

É uma vida de profunda introspecção, pois embora os corpos estejam dominando (principalmente o corpo mental), eles serão obrigados a ir aos poucos cedendo ao chamado do espírito, organizando assim, os elementos manipuladores nesta vida. Como consequência deste fato, este tipo pode ter característica de alguém conservador, controlador e dominador. Só que ele precisa ser assim com relação à sua filosofia de vida e aos seus objetivos, necessita ser o controlador de sua mente. Seus pensamentos, naturalmente profundos, podem ser desorganizados o suficiente a ponto de dificultar a visão desta profundidade ou a atuação de sua espiritualidade.

O espírito não está aqui para ser tragado e simplesmente ficar inativo. Enquanto estiver subjugado pela matéria que compõem o corpo físico, emocional e mental, ele experimenta o caos, pois sua força é direcionada para a criação e fortificação da própria matéria que o aprisiona.

Aprenderá a lidar com sua mente, com sua espiritualidade e assim superará seus limites. É importante não ser inconsciente, em qualquer campo de sua vida, embora sua luta seja muito mais forte em sua mente (que pode ser ou não subordinada ao corpo).

A melhor forma de lidar com o caos que irrompe volta e meia é usar sua capacidade de desprendimento, em todos os setores de sua vida. Isso não é fácil, pois o nativo terá que ser desprendido de seu orgulho, de seu complexo de superioridade (não importando o quanto tenha a autoconfiança baixa), de uma certa fome de algo (ou alguém) que não consegue traduzir claramente. Esse desprendimento deve ser aplicado em todos os setores de sua vida. Só assim perceberá os motivos ocultos que regem sua existência.

Algumas personalidades que possuem Sedna na C-12:

**Immanuel Kant:** filósofo da era moderna, operou na epistemologia: uma síntese entre o racionalismo continental, e a tradição empírica inglesa. Ele também conhecido pela filosofia moral e pela proposta, a primeira moderna, de uma teoria da formação do Sistema Solar, conhecida como a hipótese Kant-Laplace.

**Buckminster Fuller**: visionário, designer, arquiteto, inventor e escritor estadunidense. Aos 32 anos, falido, desempregado, vivendo em condições precárias, viu a sua jovem filha, morrer de pneumonia, sentiu-se culpado, e pensou em suicídio, e na iminência de cometer esse ato, decidiu fazer "uma experiência: descobrir o quanto poderia um único indivíduo contribuir para mudar o mundo e beneficiar toda a humanidade". Foi condecorado **vinte e cinco vezes** nos Estados Unidos e agraciado com **cinquenta doutoramentos** *honoris causa*. Ficou conhecido pela invenção do Domo geodésico. Conta-se que ao visitar a sua mulher, que estava em coma num hospital, disse: "Está à minha espera". Em seguida fechou os olhos e duas horas depois faleceu, vítima de ataque cardíaco. A sua mulher morreu 36 horas mais tarde.

**Nikola Tesla**: inventor nos campos da engenharia mecânica e eletrotécnica. É conhecido pelas muitas contribuições revolucionárias no campo do eletromagnetismo no fim do século XIX e início do século XX. Contribuiu em diferentes medidas para o estabelecimento da robótica, controle remoto, radar e ciência computacional, e para a expansão da balística, física nuclear e física teórica.

**Alan Turing**: matemático, lógico, criptoanalista e cientista da computação britânico. Pioneiro na inteligência artificial e na ciência da computação. É conhecido como o pai da computação. Interessou-se pela química. Escreveu um artigo sobre a base química da morfogênese e previu reações químicas oscilantes como a Reação de Belousov-Zhabotinsky, que só foram observadas pela primeira vez na década de 1960. A rainha Elizabeth II deu o perdão real pela condenação de sua homossexualidade.

**Francisco de Assis Pereira:** serial killer brasileiro, motoboy conhecido como Maníaco do Parque. Francisco estuprou e matou, pelo menos, seis mulheres e tentou assassinar outras nove em 1998. Seus crimes ocorreram na região sul da capital do estado de São Paulo. Uma tia materna, o teria molestado sexualmente na infância e com isso ele teria desenvolvido uma fixação em seios. Já adulto, um patrão o teria seduzido, o que levou ao interesse por relações homossexuais, e uma gótica teria quase arrancado seu pênis com uma mordida. Isso tudo pode ter levado a desenvolver seus episódios psicóticos.

# PARTE 6-Aspectos Planetários

Seguem algumas sugestões de como é o processo das ações dos sete planetas sagrados ao se aspectarem com Sedna. A qualidade dos aspectos (quadratura, trígono, sextil, etc.) determinará a tensão, ou não, dos fatos para a meta descrita.

Os planetas que contatam Sedna devem ser analisados tendo em mente que estamos analisando um conjunto de experiências adquiridas pela Consciência e ainda em estado de aperfeiçoamento.

Lembrar que Sedna leva um tempo considerável de tempo para voltar ao mesmo grau que estava no momento do nascimento. Isso implica que a sabedoria obtida das diversas vidas que essa pessoa teve, busca a expressão prática dela na localização das casas, mas também essa sabedoria usa o contato direto com os planetas como forma de expressão.

## SOL EM ASPECTO COM SEDNA

Na lenda de Sedna essa posição representa o momento que ela toma consciência de que é uma Deusa.

Segundo análise Junguiana, o Sol está relacionado a nossa parte espiritual, aquela geradora da consciência.

Com o surgimento de Sedna, o Sol passa a ser o representante de uma parte do ciclo da geração dessa consciência, pois temos um ciclo de 11.400 anos para fazermos a ampliação dos limites dela. E Sedna está simbolizando a totalidade das experiências que envolve o Sol de um indivíduo em cada vida que existiu em todo o tempo desse ciclo.

A genialidade contidas nas ideias, o volume de percepções e sensações sentidas que desejam ter expressão é imenso. Esse aspecto astrológico aumenta a sensação de plenitude, a individualidade sente-se impulsionada a se expressar e com isso expressa exatamente o nível evolutivo que possui.

A expressão da espiritualidade, o equilíbrio e a força que dá apoio a realização está destacada. A individualidade é destacada com muita leveza interior e fortemente assumida.

Os talentos, os dons, adquiridos em todos os ciclos de Sedna, neste indivíduo se expressam paulatinamente.

O despertar e o uso dessa força para melhorar a vida dos outros é inevitável. A percepção de um mundo unificado, sem barreiras ou fronteiras é a visão dessa Consciência.

## LUA EM ASPECTO COM SEDNA

Na lenda de Sedna essa posição representa dois momentos principais: quando ela é criada por Anguta e quando ela mergulha ao fundo do mar.

A Lua simboliza a dualidade de nossa natureza material, a bipolarização da vida: Quente-Frio, Alto-Baixo, Esquerda-Direita, Superfície-Profundidade, Dia-Noite, Som-Silencio, Luz-Escuridão, Bem-Mal, etc.

A influência de Sedna sobre a Lua pode levar a uma dualidade na expressão desta consciência.

O que importa para a Natureza é atingir a evolução de todas as espécies e dentro desse contexto, o indivíduo é uma peça de um enorme quebra-cabeças. Portanto muitas vezes a dor infligida para muitos, traz um bem ainda maior para todo o planeta. O que importa é o coletivo.

Quem tem esse aspecto tanto pode agir por um lado doloroso quanto por um lado amoroso. Porém no final, a meta da evolução deverá ser atingida permitindo a iluminação de várias consciências.

Por exemplo, se houver Mercúrio conjunto a Sol de um lado e Sedna em oposição a Lua em outro (mesmo que estes aspectos não estejam correlacionados), essa Consciência tende a despertar outras consciências através da dor.

Diante da presença da Consciência portadora desse aspecto, muitas outras são libertadas de alguns grilhões. Seja por atitudes positivas, estimulantes, seja por que será pressionada a reagir ao controle ditatorial deste indivíduo.

Esse aspecto permite a atuação ser tal forma, que valores nocivos e extremamente arraigados em uma consciência sejam transformados. Mas essa ação será rápida demais e temporária, o beneficiado deverá aproveitar essa oportunidade.

A visão dessa Consciência é a de que outras consciências dormem e precisam só de um "empurrão" para elas acordarem.

## MERCÚRIO EM ASPECTO COM SEDNA

Na lenda de Sedna essa posição representa diversas partes: nos diálogos com Anguta e com o Fulmar, sua relação com o cachorro e quando articula para os filhos-cães atacarem Anguta.

Mercúrio simboliza a essência do espírito ligando as relações entre os mundos (Material e Espiritual). Une os opostos mas não no sentido de tornar um, mas de fazer uma ponte entre eles, entre o Espírito e a Alma, entre a Alma e os Corpos Inferiores (Mental, Astral e Físico), entre o consciente e o inconsciente à medida que nos relacionamos uns com os outros.

Esta Consciência não consegue segurar suas ideias, sua expressão verbal ou corpórea, e será por esses meios que outras consciências poderão conseguir ter sua voz expressa. É um mago que brinca com as palavras, tendo-as sob seu controle, consegue romper e unir situações de acordo com o modo como se expressa.

As emoções e a mente são forçadas a trabalharem juntas e sentimentos como indiferença, falta de piedade, autodestrutividade, falta de confiança, indulgência e letargia serão combatidas fortemente.

A percepção de que a dualidade da vida em si, das situações, pode ser vivida sem prejuízos (e com enorme alegria) é a visão dessa Consciência e o que quer mostrar aos outros.

## MARTE EM ASPECTO COM SEDNA

Essa Consciência terá atitudes pioneiras em sua forma de atuar. Em seu caminho de se libertar, enfrentará todos os desejos que são contrários à essência da vida, não aceitando nada menos que isso. E assim, criará possibilidades para os outros também estabeleçam seus próprios recursos. Suas ações favorecerão para que a força de vida (e a paixão de viver) liberte as consciências das correntes de ilusões que as escravizam.

Essa posição representa o uso da Força de Vida, do Fogo que mantém a Vida, da sensualidade, da virilidade, da paixão de viver. Marte aspectado com Sedna exige a disciplina da regularidade, a firmeza de propósito e a vitória gradativa sobre a matéria e a manutenção da alegria de viver.

Em termos de ciclo maior, essa vida está aprendendo a agir com consciência em tudo o que faz e embora o novo ciclo já tenha começado, ele está no início.

## VÊNUS EM ASPECTO COM SEDNA

Na lenda essa posição representa os momentos onde Sedna tem as atitudes de coragem e criatividade: quando enfrenta o pai, quando protege os filhos e se afasta deles para protege-los e quando dá origem às novas criaturas antes de afundar no mar.

Vênus em nosso mapa mostra como nos enxergamos através dos outros e como os outros veem a si mesmos, na gente. Esse símbolo revela como medimos e pesamos nossas semelhanças e interesses em comum através dos valores que compartilhamos.

A indução de Sedna sobre Vênus leva ao desenvolvimento da criatividade, da coragem, do despertar da inteligência emocional. Os sentimentos impulsionados por Sedna trazem uma bagagem histórica de todo o ciclo vivido (em um espaço de 11.400 anos) e estes sentimentos salvam literalmente outras consciências, alimentando-as, trazendo beleza interior e uma sensação coragem para enfrentar a vida.

Esse aspecto provoca uma intuição intensa que caminha lado a lado da criatividade, onde tal poder intuitivo gera possibilidades de criar novos alimentos para a Alma. Também imprime coragem extra à Vênus para expressar o que realmente sente e deseja. Em alguns casos, o portador desse aspecto pode precisar de um esforço maior para dominar o idealismo que fica exacerbado.

## JÚPITER EM ASPECTO COM SEDNA

Por mais incrível que pareça, esse planeta é o que mais dá trabalho à atuação de Sedna no mapa, criando barreiras que limitam as alterações provocadas por Sedna. Talvez porque Júpiter esteja relacionado com a tendência a se atirar em diversas direções sem pensar nas consequências, pelo desejo de reconhecimento alheio, por imprimir um teor de orgulho em sua capacidade de controlar (desejo de Poder), pela imaturidade, agressividade, incoerência, arrogância e por necessitar discernir melhor.

Estas características se chocam fortemente com as de Sedna (que seriam de não se atirar a todas as direções sem propósito fundamentado, não buscar reconhecimento alheio, maturidade, coerência, etc.) sendo muito provavelmente esse tipo de postura o que causa a verdadeira dificuldade em libertar a consciência.

Sedna com esse aspecto planetário provoca mais intensamente a capacidade de perceber o potencial das circunstâncias materiais, aumenta o desejo de realizar um intenso mergulho para dentro de si (ao mesmo tempo que briga interiormente com o desejo de expor ao extremo suas verdades aos outros), a fim de ampliar a experiência de estar e ser consciente, e gerar conhecimentos diversos que tragam benefícios para a vida.

Esse contato desenvolver o poder intelectual e espiritual que está fundamentado no domínio obtido dos sentimentos como ódio, medo, vergonha, irritabilidade, inveja, crueldade, apego, melancolia, preguiça ou letargia.

## SATURNO EM ASPECTO COM SEDNA

Na lenda essa posição representa os momentos onde Sedna provoca o surgimento de novas estruturas, tendo o desafio de enfrentar a estrutura de poder que a prende (Anguta, os pretendentes, Fulmar.

Uma estrutura antiga (e muito copiada) será renovada.

As mudanças implantadas não irão embora com facilidade, sendo altamente provável que o resultado dessas mudanças fiquem por muitos anos, não importando qual área (filosófica, social, etc.). Até finalmente substituir totalmente a estrutura anterior.

Esse aspecto marca uma expansão dos limites e com direito a todas as dores que se sente ao realizar uma expansão de fronteiras. A maturidade e a capacidade de trabalhar o equilíbrio e a justiça serão intensificadas.

## URANO EM ASPECTO COM SEDNA

Na lenda essa posição representa os momentos onde Sedna promove a liberdade com uma ruptura junto: sua saída de casa para ir pelo mundo afora. E também no momento que o caos da tempestade assola seu barco.

A força de rompimento com as formas arcaicas de viver são tão intensas que este nativo pode assumir altos riscos e enfrentar situações tensas que precisam ser rompidas com vigor para que novos entendimentos ou novas situações possam emergir. A política, os grupos sociais, ideologias tudo isso será foco de ação. Como esses posicionamentos são muito voláteis, e se alteram muito mesmo dentro de uma determinada situação, este nativo acompanha essas variações reagido a elas e pode até ser visto como hipócrita, pois seu entendimento não é cartesiano. É a marca de um gênio polêmico (ou na vida pessoal ou no cenário social).

Esta posição astrológica traz para essa Consciência a cura de feridas internas existentes na Alma deste nativo, ao mesmo tempo que cria as possibilidades de libertação das outras consciências.

## NETUNO EM ASPECTO COM SEDNA

Essa indução aumenta fortemente o processo intuitivo, permite ter intuições muito intensas, e profundas conseguindo ir além do imaginável. Se neste aspecto ainda estiver uma ligação com a Lua, isso será muito mais extraordinário.

Esta posição astrológica induz nessa Consciência a possibilidade da percepção livre, onde o elemento água (emoções, sentimentos, pressentimentos, sensações, melindres, sensibilidades) deixa de ser fator aprisionante para a ação e visão desse Espírito. Enquanto se cura disso, ele ajuda outras consciências a obter a visão intuitiva ou eleva a percepção delas.

## PLUTÃO EM ASPECTO COM SEDNA

Plutão assim como Sedna representa receptividade a outros mundos e outras realidades. Considerado o poder de mudar. Pode ser visto como a prisão da imaturidade que nos prende através dos instintos, e sob essa ótica Sedna é o impulso que promove o amadurecimento que liberta das prisões plutonianas.

Esse é um aspecto polêmico, pois reflete a luta interior para que a Consciência amadureça e se liberte dos fortes e imaturos desejos que aprisionam (de poder, orgulho, malquerença, etc.), representados por Plutão. E sob esse aspecto, estes dois planeta-anões trabalham de mãos dadas: um prende pela imaturidade o outro impulsiona o despertar do amadurecimento.

Sedna amadurece a expressão dos sete planetas sagrados

em que entra em contato, mas sua relação com os transnetunianos é de parceria.

Logicamente o resto do mapa mostrará para onde essa consciência estará indo. A posição por si pode ser promissora, só não garante um resultado tranquilo.

# PARTE 7-Um símbolo para Sedna

## BREVE ESTUDO DO SIMBOLISMO PLANETÁRIO

Antes de sugerirmos um símbolo para Sedna, temos que levar em consideração a tradição que envolve a criação destes símbolos. Entender as raízes da formação dos símbolos considerados sagrados e usados a muitos séculos permite criar novos símbolos sem distorções.

Um símbolo tem que conter o máximo de informações acerca do objeto que representa. Pode ser lido tanto de uma maneira positiva quanto negativa. Devem ser simples, porém completos nas informações e tão profundos quanto sutis, que funcione como essência e princípio explicativo para uma complexa realidade (material ou espiritual).

Para compreendermos os símbolos que traduzem a expressão dos planetas precisamos entender três formas básicas que os compõem: o círculo, o semicírculo e a cruz.

O **círculo** é a forma perfeita. É onde o início se une ao fim, é onde os ciclos passam a existir, pois o fim de uma etapa é o começo de outra. Ele simboliza energia pura, consciência, individualidade, proteção, alegria, diferenciação na multiplicidade das formas, humildade, coragem e o momento presente. O círculo concentra forças e desta forma pode dar uma direção àquilo que estiver dentro dele. Por estas e outras definições, tornou-se a marca do Espírito (aquele que não tem início, nem fim), simboliza as forças de característica Yang, a alegria e o progresso.

O **semicírculo** é formado quando juntamos dois círculos. Surge pela junção de duas energias Yang, existindo por meio delas, por ter uma força Yin e subordinada à força que a gerou (ela não existirá sem o Espírito), então essa forma passou a ser considerada representação da Alma. Se alguém tiver uma dúvida como o masculino gera o feminino, lembrando que a eletricidade (Yang) gera magnetismo (Yin)

O semicírculo (ou a lua crescente) é o símbolo da Deusa. Simboliza os líquidos, a força da intuição, o espelhamento, a memória, a noção de passado e futuro, o depositário dos resultados das experiências vividas.

O poder de multiplicar é de propriedade da Alma (semicírculo).

A **cruz** seria a matéria, o sólido, a junção dos quatro elementos e sua ação, o Ego, o Eu inferior, os três corpos inferiores (físico, emocional e mental). Não esquecendo que a matéria tem vida e objetivos próprios, diferentes dos propósitos do Espírito. Simboliza também os elementais, toda e qualquer prisão, os limites impostos. Perceba que a cruz cristã está em desequilíbrio: um dos elementos predomina, uma das hastes é bem maior que a outra. As cruzes celtas tem mais equilíbrio pois os quatro elementos estão em igualdade.

De posse destes dados podemos descobrir o arquétipo de cada planeta simplesmente analisando seu símbolo que pode ser lido de duas formas: Estudando de "cima para baixo", ou seja, analisando o símbolo no sentido da cristalização das energias (condensação, "descida" à matéria ou diminuição vibracional) temos o processo involutivo. Por outro lado ao analisarmos um símbolo de "baixo para cima" no sentido da expansão, ampliação, evolução e individualização das energias teremos o processo evolutivo.

Esses processos não significam que um é ruim e o outro é bom, apesar dos nomes. Querem dizer que existem dois sentidos para a direção das energias e que eles ocorrem conjuntamente. Estamos a todo instante realizando o trabalho de ir e vir energeticamente, por exemplo, o corpo está a cada momento criando e destruindo suas próprias células, realizando a renovação necessária em um movimento constante de "encarne" e "desencarne" das energias que compõe o sistema daquela individualidade.

Utilizando as analogias relacionadas ao círculo, semicírculo e a cruz, podemos entender profundamente o significado de cada planeta, através de seu simbolismo.

## MARTE

Antigamente era desenhado com uma cruz acima do círculo. Com o passar do tempo sua representação mudou para uma seta acima do círculo.

Analisando pelo processo involutivo, simbolizaria a matéria controlando o Espírito, o Eu inferior subjuga a

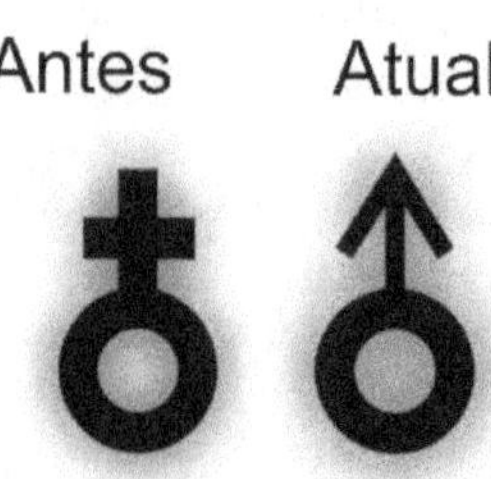

manifestação espiritual. O Ego domina a humildade e a coragem para uso segundo seus propósitos. É a força sem controle, portanto, é uma força de destruição. É matéria impulsionada pela força do espírito, mas sem o controle deste.

Já observando pelo processo evolutivo mostra a matéria recebendo vigor e força do Espírito. Esse modelo demonstra a energia que busca romper, expandir ou ampliar apenas moldar, limites, tensões e rigidez da matéria, existentes em qualquer ato criativo. Essa energia surge e toma um rumo, mas não cria, não multiplica.

Em ambos os processos, quanto menor a consciência existente (círculo) tanto pior o controle, a destruição, e assim maior será a prisão (cruz). Perceba que não há o semicírculo no desenho, indicando que não há cristalização ou multiplicação das energias.

## VÊNUS

Diante do processo involutivo temos este arquétipo como indicador do Espírito insuflando sua força nos quatro elementos. O domínio da matéria pelo conhecimento espiritual e intuitivo. Simboliza força de criação, de nascimento, de vida. A autoridade (círculo) dá força aos elementos, tornando-a forte e poderosa. Marca a presença da Luz chegando e se infiltrando na Matéria, mas ainda não sendo controlada.

Examinando pelo processo evolutivo, os corpos inferiores servem de apoio ao Espírito. É interessante essa dualidade entre Marte e Vênus, onde o processo evolutivo em um é o processo involutivo do outro. E assim tem que ser, pois a pessoa ao iniciar sua jornada espiritual conscientemente, dá força aos corpos (Vênus) e estes mostram as diversas vicissitudes para que o espírito consiga lidar com isso. Embora haja um controle do espírito.

Em ambos os processos, quanto maior a consciência

(círculo), maior a força aplicada no Ego (cruz) e quanto menor a consciência, menor a coragem, a humildade e o brilho (magnetismo) na matéria (personalidade, etc.).

Como não existe semicírculo, não há condensação nem multiplicação. Essas energias vêm e vão sem gerarem, multiplicarem ou provocarem dualidades: pau é pau e pedra é pedra.

## JÚPITER

Este é outro símbolo que foi modificado com o passar do tempo.

Sob a ótica do aspecto involutivo, nos mostra que a energia da Alma está sendo aplicada na matéria causando a multiplicação desta.

Em Vênus, o Espírito (círculo) dá força e vigor aos elementos, mas em Júpiter a Alma é quem multiplica essa força, esse vigor. Logo mostra um lado mais irracional que Vênus, embora de muita inteligência. Indica que a memória (semicírculo) de tudo o que foi vivido é para ser utilizada no Ego (corpos inferiores).

É a manifestação das forças do feminino na matéria, expressando com facilidade a dualidade de cada elemento.

Analisando pelo processo evolutivo. Todas as informações provenientes das experiências diárias que o lado material forneça (emoções, sentimentos, pensamentos, instintos, etc.) são transmitidas para a Alma armazená-las.

É uma força de expansão e progresso. Facilidade para concretização pela multiplicação.

Perceba que não entra o círculo na formação do símbolo.

## SATURNO

Examinando pelo processo involutivo, temos a prisão (a matéria, o ego, os corpos inferiores) atuando sobre a Alma.

Isso resulta na dificuldade de ação para intuir, multiplicar, ampliar e fecundar. É a memória, de todas as experiências obtidas, aprisionada pela matéria (aquelas experiências que não foram bem trabalhadas e permitem a subjugação da Alma pelo ego). Dificuldades para concretização. O passado (ou futuro) dominado pelos elementos. O tempo (semicírculo) é controlado pelo espaço (cruz).

Pelo aspecto evolutivo, este arquétipo traduz a libertação lenta e progressiva do domínio dos elementos. A Alma se infiltra vagarosamente na mais profunda estratificação, permitindo "amolecer a matéria" e com isso gerar novos limites. É o esforço da Alma para escapar ao controle dos elementos. A noção de tempo depende da força sutil e abstrata da Alma. O tempo não é controlado pelo espaço, mas o gerencia.

## MERCÚRIO

De todos os símbolos este é o que mais demonstra a existência de uma grande quantidade de energia, talvez pelo fato de pular fases na ordem natural das etapas energéticas.

Analisando pelo processo involutivo: o líquido é transformado em energia (envolve absorção de energia - evaporação) para em seguida essa mesma energia ser solidificada (liberação rápida e em  grande quantidade de energia). Em termos químicos, essas transformações demandam uma intensa movimentação energética. A Alma dominando o espírito e este dominando a matéria. É o uso da alegria e da vivacidade na matéria. Coloca o Espírito como intermediário entre a Alma e os corpos inferiores, ou seja, as experiências adquiridas ampliam a consciência e a força que esta consciência adquire neste processo é transmitida aos corpos materiais.

Observando o procedimento evolutivo temos o sólido que se transforma em energia (sublimação - esse processo gera absorção de um grande teor de energia) e em seguida essa energia se liquefaz (condensação). Os corpos inferiores liberam energia suficiente para o espírito, e este resolve aplicá-la na geração de novos fatos e entendimentos. As experiências são diretamente assimiladas pelo Espírito possibilitando este criar dualidade e capacidade de ver um outro lado.

Em ambos os processos envolvidos, esse símbolo expõe perfeitamente a inconstância, a índole instável, e a agitação frequente. O que acontece na Alma é o ocorre nos corpos e vice-versa. É o famoso "assim na terra como nos céus". Sendo assim seu significado, apenas ressalta o epíteto de "mensageiro dos deuses".

Os sete planetas sagrados (Marte, Vênus, Mercúrio, Júpiter, Saturno mais o Sol e a Lua), sob um certo ângulo de analogia, mostram as diversas facetas do Ego (os três corpos inferiores: físico, emocional e mental). Desta forma, todos os planetas do sistema solar até Saturno (a fronteira) tratam dos aspectos da personalidade (emoções, pensamentos, hábitos, tipo de corpo, estruturas comportamentais, etc.).

Analisemos os símbolos dos planetas transaturninos (Urano e Netuno) e dos transnetunianos (Plutão e Sedna).

## URANO

Perceba que existem dois semicírculos ladeando a cruz e tudo isso acima do círculo.

Os dois semicírculos em oposição mostra a separação entre duas coisas para que haja a existência da terceira (a cruz), sob a regência da força do espírito (o círculo)

Urano representa: a separação do Céu e da Terra; a

manipulação do Fogo do Céu (conhecido como Fohat-eletricidade), e o Fogo da Terra (conhecido como Kundalini-Fogo serpentino); a força Elétrica de um lado e a Magnética do outro com a respectiva capacidade de mantê-los unidos ou de separa-los; a criação e gerenciamento dos opostos ao trazer a vida ao mundo material; representa a polaridade aplicada aos corpos inferiores e a natural dificuldade em equilibrá-los.

Pelo processo evolutivo, o Espírito aplica força suficiente à matéria, e esta ou se rompe (o que gera a ideia de libertação de amarras) ou se divide em fases opostas: passado/futuro, tempo/espaço, organização/caos, razão/intuição, amor/ódio, etc.

Como existe uma continuidade de energia vinda do plano espiritual, é natural que haja uma irritação que também está simbolizada pela cruz acima do círculo. Por isso é que este símbolo aponta para uma irritabilidade, ansiedade e agressividade rápida como a eletricidade, mas tão intensa quanto.

## NETUNO

Lembra um pouco o simbolismo de Júpiter, porém enquanto este trabalha multiplicando a matéria, em Netuno, a Alma se infiltra no interior dos corpos "inferiores" de forma ativa, sugerindo uma dissolução (cruz: sólidos; semicírculo: líquidos; círculo: energia). Esta situação gera confusão, pois valores subjetivos existentes na Alma tendem a materializar e é difícil projetar fisicamente coisas subjetivas como o amor, sensações, cores, percepções, e assim por diante, sem cometer confusões.

O tempo, representado pelo semicírculo, mistura-se no espaço, mas sobressai (não está totalmente mergulhado nele) significando a possibilidade de viajar através do tempo sem necessariamente se deslocar no espaço. Por isso é considerado ou planeta da intuição, do vagar no etéreo.

Olhando pelo modo do processo evolutivo, este símbolo trata da evaporação da matéria. O calor (círculo) aquece o sólido (cruz) e o derrete até ficar líquido (semicírculo). Ou seja, a matéria passa do estado sólido ao líquido e gasoso. Em outras palavras, há uma espiritualização da matéria, do Ego, dos corpos inferiores, etc.

Este símbolo também mostra que a vida na matéria surge por meio dele (a cruz está entre o círculo e o semicírculo). Tanto a criação de novas possibilidades de vida (semicírculo entrando na cruz) como seu vigor relacionado (círculo sob a cruz).

Alguns símbolos de Netuno não colocam o círculo abaixo, formando apenas o tridente. Da forma como vemos, o símbolo descrito desse jeito estará incompleto, pois não existe a força do Espírito direcionando a energia que favorece a expansão material, aumentando assim, a força da Alma.

## PLUTÃO

O círculo seguido do semicírculo e da cruz. Aparentemente esta posição entre os símbolos parecia ser a ideal, visto que sugere na ordem que o Espírito fornece força para a Alma que transmite informações para a Matéria (corpos físicos).

No entanto, o conjunto desse símbolo planetário é bem claro: o Espírito não participa diretamente. Não há uma ligação dele, com o resto do conjunto, embora esteja ali. Isso quer dizer que há uma condensação forte da Matéria, ou seja, além de formar novas substâncias também as acumula. É a matéria que se condensa em líquido que cristaliza em sólido, fazendo um contraponto com a energia. Esta condensação é motivada não pelo poder de aglutinação do Espírito, mas pelo poder de aglutinação da Matéria.

Em um nível de entendimento aponta para uma suposta

prisão que o espírito cria para si próprio: a Alma e corpos inferiores. Suposta porque ao mesmo tempo que prende, não existem amarras... Ou seja, só a maturidade espiritual (o saber lidar com a Matéria e com a Alma liberta o Espírito.

Em outro nível de interpretação deste símbolo, podemos ver o princípio do surgimento da vida na Matéria, pois a Alma se infiltra na Matéria.

Sob outro ponto de vista podemos ver que o sólido (a cruz) se transforma em líquido (semicírculo) que libera o gás ou a energia (o círculo). A Matéria fica mais rarefeita. Sendo assim, por analogia, simboliza o processo de morte relacionado a este planeta, pois mostra a libertação do espírito da prisão formada pelo conjunto (Alma e corpos inferiores: físico, emocional (astral) e mental).

Este símbolo transmite a ideia de que os corpos inferiores modificam a Alma ao mesmo tempo que a Alma insufla sua ação mediadora nela.

Assim como o símbolo do signo de Virgem tem semelhanças com o de Escorpião, observe que tanto Mercúrio quanto Plutão usam os três símbolos, mostrando porque Mercúrio, de uma certa forma, tem algumas semelhanças simbólicas e comparativas com Plutão. Porém neste, a energia do espírito não está conectada e as forças geradas são constantes, densas, pois o processo é tomado sem saltos de fases como acontece com o simbolismo existente em Mercúrio.

## SUGESTÃO DE SÍMBOLO

Com a descoberta de Sedna temos condição de perceber com mais clareza as características do Espírito (a quantas anda sua evolução, ou quais as experiências que necessita melhorar).

Depois dessa breve consideração acerca dos símbolos planetários, sugerimos a figura a seguir, como sua representação.

Consideramos Sedna como o regente verdadeiro do signo de Virgem, que atualmente possui Mercúrio em seu lugar. Isto significa que mais e mais virginianos irão corresponder à atuação de Sedna, assim como Aquarianos, Escorpianos e Piscianos respondem aos seus respectivos transaturninos.

Muitos nativos de Aquário ainda respondem a Saturno melhor que a Urano, como ainda existem Piscianos que estão representados melhor por Júpiter do que por Netuno, da mesma forma ainda haverá diversos virginianos que estarão melhor representados por Mercúrio.

A análise desse símbolo indica como o nosso arquétipo interior (o Deus e Deusa em união, respectivamente o Círculo e o semicírculo) usa sua capacidade criativa. Significa a força aplicada para manter a matéria unida (poder de aglutinação) e ao mesmo tempo para ir modificando-a sem ter que destruí-la, dissolvê-la ou irradiá-la (como Urano, Netuno e Plutão fazem).

Analisando-o pelo processo involutivo (quando Sedna se afasta do Sol e segue sua órbita para os confins do Universo): vemos a Matéria (Ego) dominando a Alma e o Espírito. É a melhor imagem do caos, pois simboliza a mais profunda materialização: o Espírito (círculo) completamente subjugado pela Alma (semicírculo) e pelos corpos inferiores (cruz).

Perceba que essa é a melhor definição de fome (um problema mental, onde os corpos inferiores querem comer algo que o integre novamente ao Universo, à Luz, à Consciência, lhe devolvendo a alegria e bem estar).

Este símbolo mostra que dentro de toda essa cristalização existe uma Alma e um Espírito que estão sendo manipulados pelas forças provenientes da Matéria, mas por outro lado essa força espiritual também provoca alterações nessa mesma Matéria. Ou seja, é uma renovação da própria matéria, gerando possibilidades do surgimento de novas formas de vida.

Se considerarmos a cruz como os elementais que animam a

matéria, então podemos perceber indicativos de que eles podem iniciar uma nova jornada evolutiva, pois a matéria ganha Alma e Espírito.

Esotericamente sabemos que Sedna, ao se aproximar do Sol e enquanto estiver ao seu redor, simboliza o momento em que se abrem os portões da evolução e as consciências mais evoluídas do reino mineral começam um novo ciclo evolutivo no reino vegetal. Consciências do reino vegetal podem adentrar no reino animal e as do reino animal iniciam jornada no reino hominal. Algumas consciências do reino hominal podem iniciar sua jornada no reino Angelical.

Este símbolo permite perceber a espiritualização ocorrendo na matéria. Enquanto em Plutão a espiritualização implica em morte (a morte que liberta o Espírito), em Sedna o processo de evolução ocorre no próprio mundo material. É o Espírito agindo, segundo seus propósitos, na matéria e esta, em comunhão com os desígnios do Espírito.

Enquanto no símbolo de Plutão, o Espírito (círculo) não está ligado ao resto do simbolismo, o símbolo sugerido para Sedna traz a força espiritual impulsionando tanto a Alma quanto a Matéria.

Sedna
no formato Âncora

Variações em cima do símbolo de Sedna podem ocorrer, e uma destas formas diferenciadas pode lembrar uma âncora. Não seria interessante ver que Sedna no nosso mapa mostra onde é a âncora que tanto nos deixa parado naquelas experiências, como pode nos dar a estabilidade necessária?

O instigante é que Sedna se coloca realmente como a âncora do mapa astrológico, é aquele ponto onde gera fome suficiente para mobilizar todo o mapa atrás da satisfação daquela necessidade.

Chegamos ao final desta obra. Esperamos ter atingido nosso objetivo e apresentado o novo modelo arquetípico que

Sedna representa, tanto na expressão do coletivo como uma única identidade, quanto sua ação no indivíduo.

Apresentamos Sedna como a expressão da Consciência Crística, descrevemos que sua posição no mapa astrológico mostra COMO e ONDE favorecemos essa manifestação, discorremos como os planetas são levados a se manifestarem quando tocados por Sedna, sofrendo a imposição de serem como eles são e não o que se esperam deles, de amadurecerem suas ações e, ao mesmo tempo, de levar esses desenvolvimentos para outras consciências.

Desde a descoberta de Sedna, os virginianos estarão respondendo cada vez mais ao seu chamado, como foram os aquarianos, piscianos e escorpianos com seus respectivos astros.

Esperamos muito que o leitor, de posse das informações aqui apontadas, identifique e reflita a situação de Sedna em seu mapa astrológico (casa em que se situa e aspectos com outros planetas). E através dessa reflexão, possa perceber onde deverá fazer um movimento importante em sua vida para libertação de sua consciência que igualmente libertará outras.

# PARTE 8-Efemérides

Essa parte é para quem gostaria de ver o posicionamento de Sedna nos mapas astrológicos.

A Internet (uma das maravilhas de Sedna) permite encontrar diversas efemérides e para os diversos corpos celestes.

## EM ASTRODIENST:

https://www.astro.com/

Você tem a opção de fazer um mapa, solicitando a inclusão deste corpo planetário e também tem a opção de obter as efemérides anuais de diversas formas requeridas, incluindo uma somente com os planetas-anões juntos.

## SOFTWARE:

http://www.expreso.co.cr/centaurs/riyal.html

Aqui você tem a opção de obter um software especial que monta um mapa astral com todos os corpos celestes. É bem interessante a proposta deles.

## SITE DE RICHARD BROWN:

https://astrology.richardbrown.com/NewPlanets/Sedna-eph.shtml

Este site contém diversos links para obter as efemérides necessárias [36].

# REFERÊNCIAS


1-IAU (International Astronomical Union) – Information Bulletin January 2005. Disponível em: < https://www.iau.org/publications/iau/information_bulletins/> Acesso em 06 de Junho de 2020.

2-XXVI Assembleia Geral da União Astronômica Internacional – The public communication at the IAU GA 2006 – Praga, 2006.

3-Kathy A. Svitil e Don Foley. Além de Plutão: Estamos apenas começando a descobrir quão vasto e estranho nosso sistema solar é verdadeiramente. Em 25 de Novembro de 2004. DISCOVERY MAGAZINE - Disponível em: <https://www.discovermagazine.com/the-sciences/beyond-pluto>. Acesso em 25 de Maio de 2004

4-Peplow, M. Astronomers spy new 'planet'. Nature (2004). Disponível em: <https://doi.org/10.1038/news040315-1 > Publicado em: 15 de março de 2004. Acesso em 25 de Maio de 2020.

5-CARNEGIE SCIENCE-Earth and Planets Laboratory - *The Long Road to "Planet X"*- January 27, 2016. Disponível em < http://dtm.carnegiescience.edu/news/long-road-planet-x > Acesso em 25 de Maio de 2020.

6-Richard Carlson, Director, DTM. *Carnegie Institution for Science, January 2016 Letter from the Director-* Disponível em: <http://dtm.carnegiescience.edu/january-2016-letter-director> Acesso em 25 de Maio de 2020.

7-NASA SCIENCE-Solar System Exploration. *Hypothetical Planet X.* December 19, 2019. Disponível em: <https://solarsystem.nasa.gov/planets/hypothetical-planet-x/in-depth/ > Acesso em 25 de Maio de 2020.

8-CALTECH - Division of Geological and Planetary Sciences. Disponível em: < http://web.gps.caltech.edu/~mbrown/sedna/> Acesso em 25 de Maio de 2020.

9-Hopkin, M. *Sedna 'has invisible moon'.* Nature (2004). Disponível em: <https://doi.org/10.1038/news040823-3 > Acesso em 25 de Maio de 2020.

10-BROWN; M. E; TRUJILLO, C.; RABINOWITZ, D. *Discovery of a candidate inner Oort cloud planetoid.* ApJ Letters, 10 August 2004.

11-THE PLANETS. Sedna facts. Disponível em: < https://theplanets.org/sedna-facts/ > Acesso em 25 de Maio de 2020.

12-The Nine Planets 1994-2020 – SEDNA. Disponível em: < https://nineplanets.org/sedna > Acesso em: 06 de Junho de 2020.

13-WIKIPÉDIA - A Enciclopédia livre – Século XVIII. Disponível em: <https://pt.wikipedia.org/wiki/S%C3%A9culo_XVIII > Acesso em 06 de Junho de 2020.

14-WIKIPÉDIA - A Enciclopédia livre – Século XIX. Disponível em: < https://pt.wikipedia.org/wiki/S%C3%A9culo_XIX > Acesso em 06 de Junho de 2020.

15-WIKIPÉDIA - A Enciclopédia livre – Século XX. Disponível em: < https://pt.wikipedia.org/wiki/S%C3%A9culo_XX > Acesso em 06 de Junho de 2020.

16-WIKIPÉDIA - A Enciclopédia livre - Década de 2000. Disponível em: <https://pt.wikipedia.org/wiki/D%C3%A9cada_de_2000 > Acesso em 06 de Junho de 2020.

17-FLORENCE, K. - *Tail/Tale/Tell: The Transformations of Sedna into an Icon of Survivance in the Visual Arts Through the Eyes of Four Contemporary Urban Inuit Artists*. A Thesis in The Department of Art History Presented in Partial Fulfillment of the Requirements for the Degree of Master of Arts (Art History) at Concordia University Montreal, Quebec, Canada, 2019.

18-SEDNA. Disponível em: < https://www.crystalinks.com/sedna.html > Acesso em: 06 de Junho de 2020

19-ULLOM, J. C. - *Folklore of the North American Indians* –An Annotated Bibliography-Library of Congress, WASHINGTON, 1969

20-LEEMING, D. A. - *Creation Myths of the World: An Encyclopedia*. Second Edition- Volume I: Parts I–II; Volume II: Parts III–V. ABC-CLIO, Santa Barbara California, 2010

21-The Canadian Encyclopedia. *The Goddess of the Sea: The Story of Sedna*. Article by James Houston. Disponível em: <https://www.thecanadianencyclopedia.ca/en/article/the-goddess-of-the-sea-the-story-of-sedna > Acesso em: 12 de Junho de 2020.

22-STOTT, J. C. - In *Search of Sedna: Children's Versions of a Major Inuit Myth*. Children's Literature Association Quarterly, Volume 15, Number 4, Winter, 1990, pp. 199-201 (Article)

23-WIKIPÉDIA - A Enciclopédia livre – *Adlivun*. Disponível em: <https://pt.wikipedia.org/wiki/Adlivun > Acesso em: 08 de Junho de 2020.

24-PAOLANTONIO, S. & GARCIA, B. (2018). *Uranometría Argentina and the constellation boundaries. Proceedings of the International Astronomical Union.* 13. 505-509. 10.1017/S1743921319000681.

25-GOMES, R., & SOARES, J. (2009). *Sedna, 2004 VN112 and 2000 CR105: The tip of an iceberg.* Proceedings of the International Astronomical Union, 5(S263), 67-75. doi:10.1017/S1743921310001511

26-ELIADE, M.- *SHAMANISM - Archaic Techniques of Ecstasy –* Princeton University Press, 1972

27-CÃO (simbologia) in Infopédia [em linha]. Porto: Porto Editora, 2003-2020. [consult. 2020-06-14 03:15:07]. Disponível na Internet: https://www.infopedia.pt/$cao-(simbologia)

28-PAULILO, Maria Ignez S. FAO, fome e mulheres rurais. Dados, Rio de Janeiro, v. 56, n. 2, p. 285-310, Junho, 2013.

29-COELHO, Ana Íris Mendes et al . Dia Mundial da Alimentação: duas décadas no combate aos problemas alimentares mundiais. Rev. Nutr., Campinas , v. 18, n. 3, p. 401-418, June 2005

30-Skeptical Science. *How much is sea level rising?* Disponivel em: <https://www.skepticalscience.com/sea-level-rise.htm > Acesso em :15 de Junho de 2020

31-G1 – Jornal Nacional. Aumento do nível dos oceanos pode afetar um bilhão de pessoas, diz estudo. Discponível em: https://g1.globo.com/jornal-nacional/noticia/2019/09/25/aumento-do-nivel-dos-oceanos-pode-afetar-um-bilhao-de-pessoas-diz-estudo.ghtml > Acesso em 15 de Junho de 2020.

32-NASA Planetary Science. Pluto Dwarf Planet. Disponível em: <https://solarsystem.nasa.gov/planets/dwarf-planets/pluto/overview/ > Acesso em:18 de Junho/2020

33-Karmic Astrology - SEDNA - Free ephemeris - pick one of four options. Disponível em <https://astrology.richardbrown.com/NewPlanets/Sedna-eph.shtml> Acesso em 12/06/2020.

# SOBRE O AUTOR

Alex Costa Guimarães, além da formação em Tarot, Astrologia, e Terapias Ayurvédicas, é graduado em Engenharia Química pela Universidade Federal do Ceará, e em Nutrição pela Metrocamp (Campinas-SP), com especialização em Bioquímica da Nutrição pela Unicamp (Campinas-SP) e em Nutrição Complementar Integrada.